無法想像
生活沒有
咖啡

佐拉──著

# 歡迎來到貓頭鷹咖啡館

這裡沒有嚴肅的咖啡哲學，沒有冠冕堂皇的咖啡道理，這裡倒充滿有趣、有料且好笑的咖啡故事，以及我個人對咖啡一些微不足道的見解。一些咖啡的學術理論，我沒有嚴格考證過，因為我既不是精通拉花的咖啡師，也不是一天要喝上 N 杯濃縮咖啡的狂人，更不是熟讀咖啡寶典、充分掌握理論的達人。我的職業是自由插畫家，而我想做的就是透過畫筆，讓更多初學者以輕鬆的方式喜歡上咖啡、懂咖啡，這就是我「開」這間「咖啡館」的真正目的。

或許和大家一樣，我最早接觸咖啡是從某些品牌的即溶咖啡開始。背書之前來杯「三合一」，自以為能夠提神；後來星巴克出現，給我和同學、同事、伴侶一個不錯的社交場所；再來成了自由業者，以漫畫家、自由插畫家的身分生活，發現有時要下樓買杯星巴克挺難的，於是開始自

己動手沖咖啡。

　　漸漸迷上了單品咖啡及一些丁零噹啷的咖啡器具——手沖壺、法壓壺、摩卡壺、虹吸壺統統買來，時不時邀請好友來家裡喝咖啡，並炫耀著自己有多懂咖啡。咖啡開始深入我的生活，我發現自己離不開它了，似乎有種魔力時時牽引著我。大家都知道設計從業者的工作耗時且繁重，從創意點的出現，透過畫筆和軟體的表現，再到最後的作品及產品成形，每個階段似乎都需要咖啡因的刺激才能夠實現。隨著工作量加大，我的咖啡「毒癮」逐漸加重。

　　終於有一天，在一個慵懶的午後，喝了一杯自己手沖的衣索比亞耶加雪菲後，我心裡想著：「既然會畫畫，又愛咖啡，為什麼不畫一本有趣的咖啡書呢？讓更多人喜歡上咖啡不是一件很酷的事嗎？」是呀，讓更多人喜歡咖啡是一件很酷的事！於是，才有了寫這本書的契機，也算是我創作這本咖啡書的初衷吧。

　　如果你喜歡喝咖啡、對咖啡感興趣，不妨走進這間「貓頭鷹咖啡館」，聽貓頭鷹 Olly 將咖啡的前世今生娓娓道來。

# CONTENTS

# 咖啡這東西

「我不在家，就在咖啡館；不在咖啡館，就是在去咖啡館的路上。」有人說，這句話是巴爾扎克所說，也有人說，這句話是一位維也納藝術家寫給女友的一張便條；但無論如何，不難看出咖啡館在西方人心目中的位置。

如今，咖啡文化已經席捲整個世界，咖啡也成為一些人生活中不可或缺的一部分。咖啡館文化慢慢成為一種生活態度和品味的象徵，有的人在咖啡館邊喝咖啡邊欣賞身旁走過的摩登女郎；有的人在咖啡館和客戶討論重要的商務事宜；有的人在咖啡館和朋友聚在一起聊生活中的家長裡短；還有的人就喜歡在咖啡館點一杯咖啡，靜靜地發呆。

拿著咖啡杯，Olly 無法盡情展翅飛上高腳椅，而要手腳並用地跳上去。想聽故事的話就等一下吧！

# 改變世界的果實

Coffee Cherry

　　從前，在遙遠的衣索比亞，貓頭鷹和無尾熊很像，每天早上一起床，就有一股睡午覺的衝動，非常懶。

　　直到某天……

貓頭鷹吃了禁果！

從此，牠們變成夜以繼日的守夜者。

哎呀，真是受不「鳥」……

chapter

# 1

# 咖啡的
# 前世今生

# 1. 咖啡的由來

咖啡的故事從「小羊跳舞」開始。真實的故事是這樣的：

在公元六世紀的古衣索比亞帝國（Abyssinia，現在的衣索比亞），一隻山羊吃了樹上的紅色果實。

吃了之後，就帶領羊群跳起 waka! waka!

羊群主人是一個叫卡爾迪（Kaldi）的牧羊人，他嚇傻了，擔心以後無法和小羊好好玩耍，決定找出原因。他發現小羊似乎是因為吃了樹上和灌木叢中所結的果子，才變得異常興奮。

於是，他決定自己試一試。

他也陷入這讓人瘋狂的舞步！

　　卡爾迪將這個消息告訴了附近修道院的修女們，修女們聽了之後很驚訝，外表這麼普通的紅色果子，真的能讓身心暢快、精力充沛嗎？

後來修女們也瘋狂愛上了這魔力果實——腰不痠了、腿不疼了，朗誦也有勁了，一掃之前常有的疲倦，變得更能夠盡心修行。

這就是傳說中，人們發現的第一棵咖啡樹和第一顆咖啡果實。

## ＊ 咖啡密碼 ＊

有關咖啡最早的記載，可追溯到西元九百年，由一位叫作拉齊（Rhazes）的波斯（現在的伊朗）醫師撰寫。他的文獻中記錄了一道藥品和藥方：將咖啡樹的種子熬煮成汁，病人喝下後具有改善胃部不適、提神、利尿的顯著效果。這種藥品叫「bunchum」，它後來被視為咖啡的原型。

從文獻中可以得知，咖啡在當時還不算是飲品，多被當成藥物。當然，當時也沒有烘焙咖啡豆的技術，通常是連著咖啡果實一起煮以獲得咖啡汁。後來，咖啡脫離藥品之列，成為人們日常生活的飲品。

從十三世紀中葉至十五、十六世紀，咖啡慢慢從衣索比亞傳到阿拉伯地區，成為商品。最早體驗到咖啡豆烘焙工藝、聞到那無比咖啡香的人，也正是那個時期的穆斯林。十六世紀時，咖啡已經從阿拉伯地區傳到世界各地。相傳在阿拉伯地區，出現了最早的咖啡館原型，即「街道咖啡館」。

咖啡館原型「街道咖啡館」

"Coffee World Map"

北美 Northern America

Caribbean Sea 加勒比海

馬提尼克 Martinique

拉丁美洲 Latin America

　　不論是從鄂圖曼土耳其帝國首都君士坦丁堡（現在的伊斯坦堡）出現歐洲第一家咖啡館，到咖啡文化開始向歐洲蔓延；還是從荷蘭咖啡市場的獨占鰲頭，到歐洲列強的奮起直追；或是從南美殖民地宣布獨立，到咖啡產業成為南美各國獨立後的主要經濟支柱，都說明咖啡及咖啡的種植已逐漸擴展到世界各地；而咖啡這種飲品，也逐漸為世人熟知。

Holland
荷蘭

英國

德國
Germany

法國
France

牙
ain

土耳其
Turkey

Yemen
葉門

印度 India

衣索
比亞
Ethiopia

斯里蘭卡
Sri Lanka

爪哇
Java

All Because of Coffee

## 2.神奇豆子

　　是什麼讓全世界都為之瘋狂？是什麼讓全世界都充滿力量？它就是這顆神奇的豆子——咖啡豆。

　　這顆給非洲及南美人民帶來無限生機的果實，在這一方水土中孕育，後又養育了屬於這一方水土的一方人。這裡的人們都視它為寶，視它為神。到底是什麼，讓老天賜予了它如此強大的力量呢？

首先，讓我們瞭解一下咖啡果。

相信很多人都不知道，每天喝的現磨咖啡都是從紅色的果實裡提取出來的。

它還有一個好聽的名字叫咖啡櫻桃（coffee cherry），這是因為隨著果實的成熟，其顏色會慢慢從綠色變成黃色，再變成櫻桃般的紅色。

很多人以為一顆咖啡果裡只有一顆咖啡豆，其實不然，一顆咖啡果裡一般含有兩顆咖啡豆。剝掉咖啡果的果肉、果膠、內果皮後，會發現一對相對生長的咖啡豆，所以咖啡豆有一面是平的，而這種有一面是平面的咖啡豆，我們叫它「平豆」。

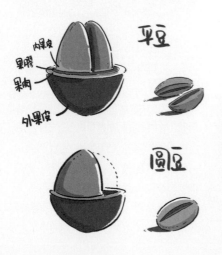

還有一些咖啡果由於某些自然環境因素，裡面只長出一顆咖啡豆。個頭比平豆還要大；體形比平豆要圓，我們稱呼這種圓形的咖啡豆為「圓豆」。

什麼是「精製」？採收下來的咖啡果，通常要經過剝掉果肉、去掉果皮、取出種子的過程，這就是精製。常見的精製方式有四種，精製的方式也會影響豆子的品質。

### 1 日晒式精製

日晒式精製（natural）是所有精製方式中最傳統的一種，可以稱之為「陽光曝晒」。將咖啡果實放在日光下自然乾燥，同時將果肉和內果皮剝除、脫殼。乾燥的過程需要極大的空間和時間，必須經過複雜的工序才能製成獨具風味的咖啡。其中常混有未成熟的豆子和雜質，要經過手工嚴格分揀，分出等級。

### 2 去果皮式精製（蜜處理）

將咖啡果實倒進果肉去皮機裡，剝掉果肉之後保留著黏膜，不剝掉果殼內層薄膜，以原豆狀態放在日光下晒乾，像是讓豆豆們來場日光浴。這種方法源於巴西，與日晒式精製相比，比較不容易混入未成熟的豆子，可以製造出帶有甜味的咖啡。

### 3 水洗式精製

水洗式精製（washed）是將咖啡果浸泡在水中，把未成熟的豆子、雜質和碎石及沙礫加以過濾，再使用機器剝除果肉，去除果實內部的黏膜，放入水槽中等待發酵，經水洗的工序後，再於日光下曝晒或乾燥機中陰乾。就像是讓豆豆們泡澡，泡著泡著、頑固的汙漬和死皮就都不見了……

水洗式精製是最常用的一種精製方法，能夠釀出純淨的咖啡香；但是水洗式精製僅在水資源豐富的地區採用，一些非洲缺水國家就不太適合這種精製方法。

### 4 半水洗式精製

半水洗式精製（semi washed）是用果肉去除機將果肉和附在內果殼上的黏膜剝掉，再進行乾燥的精製方法。由於省略掉發酵的時間，精製起來效率較高，這感覺就像進考場考試，參考資料和小抄全部不許帶！與水洗精製相比，半水洗精製不需要太多水，不會因為排水量過大而造成環境問題，而香氣卻和水洗精製相近，所以現在許多產地都改用這種方式，特別是一些非洲缺水國家。

　　咖啡果精製後，接下來就到了分揀階段。分揀之前，先來瞭解一下什麼是生豆？採收來的咖啡果實經過精製後，獲得的咖啡原豆就是生豆。分揀就是要挑出外觀不佳或有瑕疵的生豆，再根據生豆的大小、外形及相對密度分級。有些地方甚至會把平豆和圓豆分出來——例如夏威夷的「科那豆」圓豆會被單獨挑出來列為特級品——再將它們分裝進密封袋裡，出口到咖啡消費國。

# ✳ 杯測（cupping）✳

　　咖啡生豆被送往世界各地前，會先由產地的咖啡農民協會或精製工廠進行杯測，也就是試飲確認豆子的香氣及味道，並再次分類，完成杯測後才出貨。

**杯測的目的：**

1. 透過科學方法鑑定咖啡品質。
2. 產地相同、烘焙方式不同的豆子，判斷何種烘焙方式和烘焙等級最好。
3. 產地不同、烘焙方式和等級相同的豆子，判斷哪一個產地的最好。

**杯測需要：**

1. 四～五種生豆與熟豆
2. 磨豆機
3. 碟子
4. 玻璃杯
5. 湯匙
6. 空碗
7. 秤
8. 電熱壺
9. 水
10. 杯測表
11. 杯測師

**杯測步驟：**

1. 先將裝有四種生豆和熟豆的碟子擺在桌面，生豆和熟豆各選四種。每種生豆與熟豆的碟子旁配有玻璃杯、湯匙及空碗。

2. 分別拿起裝有生豆與熟豆的碟子，聞一聞味道，判斷風味，確認生豆是否發霉、熟豆的香氣，並在杯測表中記錄每種豆子的風味。

3. 將不同種類的咖啡豆研磨後，分別放入八～十克的咖啡粉在玻璃杯中，接著將每一杯倒入一百二十毫升至一百五十毫升、攝氏九十二度左右的熱水，稍待片刻，待咖啡粉沉澱後觀察其溶解度。

4. 輕輕用湯匙在厚厚的咖啡表面上攪拌，並將鼻子湊過去聞味道，隨後在杯測表中記錄風味。

5. 用湯匙撈掉浮在表面的咖啡渣，然後舀一勺咖啡放在嘴裡。這裡要特別注意的是，要「嗖」的一聲將咖啡吸進嘴裡，但千萬不要吞下去，而用舌頭將咖啡液頂到門牙處，判斷其味道。讓咖啡液在口中繞一圈，咀嚼一下它的味道；最後將含在口中的咖啡液吐到一旁的空碗中。

6. 在杯測表中記錄咖啡豆在每一個階段的表現及風味，完成杯測。

**以下是杯測表所體現的主要內容，以及一款咖啡的風味和口感：**

1. 香氣（fragrance）：咖啡豆的香氣。
2. 香味（aroma）：沖泡後的咖啡氣味。
3. 醇度（body）：咖啡液在口內的質感。
4. 風味（flavor）：咖啡進入口腔時的味道。
5. 酸度（acidity）：咖啡的酸味是否明亮、活潑、尖銳、沉悶。
6. 甜度（sweetness）：咖啡液在口腔內轉動時留下的甜味強度。
7. 餘韻（aftertaste）：在口腔內品嘗咖啡液並吐出後，留下的風味和氣味。

　　專業的咖啡機構如美國精品咖啡協會（SCAA）的杯測表則更為細緻，除了上面提到的以外，還要分別對「一致性」（uniformity）、「乾淨度」（clean cup）、「口感」（mouth feel）、「整體印象」（overall）、「缺點」（taint）、「缺陷」（fault）等項目評價。

　　所以說，以杯測判斷咖啡的風味和口感，並鑑定一款咖啡品質的高低，是一種極科學的方法。

## * 烘焙 *

僅有咖啡生豆是不夠的，之後還要烘焙，才能成為散發著無與倫比香氣的咖啡豆！而烘焙方式和程度是整個製作流程中非常重要的一環。不同的烘焙方式和等級，會讓咖啡豆展現出截然不同的風味！即使是同樣的生豆，不同的烘焙方式，最後在味道或香氣上的風格表現，也是截然不同的。

下面，就來介紹常規的八種烘焙程度吧！

極淺烘焙
LIGHT

淺烘焙
CINNAMON

淺烘焙　light roast

### 極淺烘焙 light roast

烘焙程度最淺，酸味較強、香味較弱。幾乎沒有咖啡的濃厚感和苦味。不適合研磨飲用，一般用來試飲。

### 淺烘焙 cinnamon roast

外觀上呈現肉桂色，因此也稱「肉桂烘焙」。酸味強烈，香味尚可，多為單品咖啡採用的一種烘焙程度。

### 中烘焙 medium roast

咖啡豆呈現栗色，口感香醇，酸味可口。適合做為單品咖啡或混合咖啡。

### 中深烘焙 high roast

呈現深棕色，酸味和苦味平衡，恰到好處，盡顯本色。

### 城市烘焙 city roast

微深烘焙，呈現深褐色，苦香味濃，酸味幾乎消失，是最受歡迎的烘焙程度。

### 深烘焙 full city roast

又稱為「深城市烘焙」，呈現巧克力色，無酸味，以苦味為主，適用於調製冰咖啡。

### 法式烘焙 French roast

顏色偏黑，表面泛出油脂，苦味較重，帶有獨特香味。多用於法式歐蕾或維也納咖啡。

### 義式烘焙 Italian roast

最深的烘焙程度，油脂較多，苦味和香氣皆濃，多用於義式濃縮咖啡系列。

以上就是常見的八種烘焙程度。就像前面說的，烘焙程度與咖啡的風味彼此高度關聯，烘焙程度不一樣，味道也會不一樣。因此，烘焙程度也是判斷咖啡味道的標準之一。這裡還要說明一下，有人問為什麼法式烘焙豆有時候比義式烘焙得還要深？

的確是這樣的，在一些法國的咖啡館裡，用於製作法式歐蕾的咖啡豆確實烘得比義式還要深，一方面是因為歐蕾咖啡需要注入大量牛奶，因此咖啡豆必然要烘得很深；二是由於人們這些年對義式濃縮咖啡口味的偏好產生變化，以前人們喜歡用很深的義式烘焙豆製作濃縮咖啡，而現在人們更喜歡用烘焙較輕的義式烘焙程度來製作，所以它們有時在外觀上不如法式烘焙來得深。

現在知道為什麼法國人和義大利人互看不順眼了吧！

## ＊ 沖煮 ＊

最後，研磨烘焙後的咖啡豆，再以各種萃取工具如咖啡機、濾紙滴濾、法壓壺、虹吸壺等沖煮研磨後的咖啡粉，隨著時間的流動，一杯屬於你的咖啡就做好了！

在後面〈Olly 的咖啡學堂〉一章裡，Olly 會詳細為大家介紹各式各樣的咖啡器具，並教大家如何用這些好玩的器具來沖煮一杯好咖啡。

# 3. 豆豆家族

　　首先介紹咖啡豆的兩大家族——阿拉比卡（Arabica）家族和卡內弗拉（Canephora）家族。卡內弗拉一般被人稱為羅布斯塔（Robusta），然而羅布斯塔其實僅是卡內弗拉的一個分支，因為廣為人知，所以成了卡內弗拉的代名詞。如果說阿拉比卡出身貴族，那卡內弗拉就是鄉下來的。為什麼這麼說呢？

　　阿拉比卡比較嬌貴，家住在海拔六百～二千二百公尺之間的高山上，對土壤和光照的要求極高。土壤不肥沃的地方不去，日照時間不夠長不生長。另外，它們的生長週期也很慢，要將近五年才有收成，就像讀了牙醫系。再說，它們抗病蟲能力差，時時刻刻都需要「管家」細緻入微的照看。

P.k

Arabica　　　　Canephora

　　而卡內弗拉就相對平民多了，像是個打工族。當阿拉比卡受到嚴重病害的時候，卡內弗拉依然堅持在「工作」的最前線。它們家住在海拔八百公尺以下，對病蟲害抵禦能力很強，對環境要求也不高，不需要那麼多人精心照顧。就是「學歷」不太好，播種後大概兩年就能收成了。

　　雖然阿拉比卡比較嬌貴、不好伺候，但它的味道相當不錯，多數精品咖啡均屬此種豆子；相反地，卡內弗拉好照顧，口感卻略顯一般，味道差別也不大，多被用於製作即溶咖啡。

透過下面兩張圖，可以深入瞭解阿拉比卡豆和卡內弗拉豆的成分及它們的差別。

### 阿拉比卡

阿拉比卡身材姣好，呈長橢圓形；咖啡因含量較低，脂肪和含糖（蔗糖）量都比卡內弗拉豆高。口感豐富而醇厚，香氣撲鼻且層次豐富。

### 卡內弗拉

卡內弗拉外形圓潤、身材短小、呈扁橢圓形，「矮矬窮」代表。咖啡因含量約為阿拉比卡豆的二倍，脂肪和含糖（蔗糖）量都比阿拉比卡豆低。口味略苦，有淡淡麥香。

地圖上是阿拉比卡種和卡內弗拉種成長和生活的地方，它們大多都住在氣候溫和的地區，主要分布在以赤道為中心的南緯二十五度與北緯二十五度之間，這個區域又被稱為「咖啡帶」。即便在咖啡帶裡，阿拉比卡與卡內弗拉也不會住在一起，而是各自住在適合自己的環境裡。

Arabica

Canephora

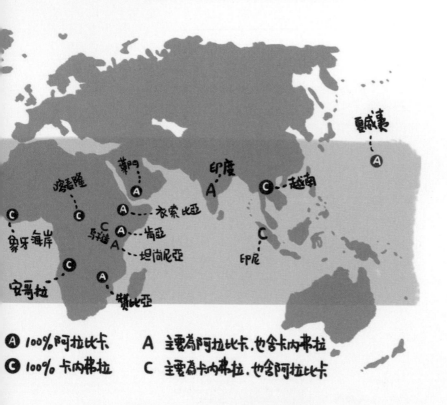

Ⓐ 100% 阿拉比卡　　A 主要為阿拉比卡，也含卡內弗拉
Ⓒ 100% 卡內弗拉　　C 主要為卡內弗拉，也含阿拉比卡

　　阿拉比卡就像是住在都市高樓，因為它們多數被栽種在高地，每天享受著陽光帶來的溫暖。如果遠離赤道仍在高海拔處，溫度會太低以至於存活不了，所以它們就被栽種到遠離赤道的低地，且環境優越，就像住進了別墅一般。

　　卡內弗拉則像是住在鄉下的院子裡，它們普遍被種在低地，對環境要求低，且容易培育，對土壤的要求也低，什麼樣的土地都可以培育成功，彷彿就像是在鄉下，種什麼長什麼。

　　可不管是阿拉比卡豆的「出身高貴」，還是卡內弗拉豆的「平易近人」，到最後，它們還是同樣會被磨成粉，成為人們桌上的美味飲品。

行有行規，家有家規。既然是家族，那必然有家譜。來看看它們各自的家譜：

### 阿拉比卡

阿拉比卡家族實力雄厚，人數較多，要記清楚哦！

第比卡（Typica）坐在中央、戴著高帽，從照片中就能得知其在家族中的地位了，可謂阿拉比卡家族的鼻祖，是阿拉比卡的原生品種，味道清新並帶有柔和花香，柑橘系的輕淡酸味是其特徵所在。

波旁（Bourbon）也算是阿拉比卡的原生品種之一，只不過是第比卡的突變種；如果把波旁和第比卡視為雙胞胎兄弟，那第比卡就是哥哥，波旁就是弟弟。波旁帶有濃重的香氣和層次豐富的酸味。

藝妓（Geisha）是家族中的才子，產量很低，是非常貴重的品種。以強烈的香氣和清爽的酸味為特徵，充滿個性的滋味受到矚目。

卡杜拉（Caturra）小朋友是波旁的弟弟，身材矮小，是矮小種中具代表性的波旁突變種。產於海拔較高之地，帶有些微酸味。

　　蒙多諾沃（Mundo Novo）是波旁種和曼特寧種（Mandheling）的雜交品種，算是他們的孩子。對環境的適應能力強，味道平衡。

　　帕卡馬拉（Pacamara）是阿拉比卡家族的遠房親戚，是薩爾瓦多開發的大顆粒品種，帶有清爽的酸味，產量相當稀少，因此廣受矚目。

　　由於阿拉比卡家族實力太過雄厚，還有好多突變種和旁系品種，在這裡就不一一列舉了。

### 卡內弗拉

　　卡內弗拉家族就相對好介紹多了，大概為人熟知的就只有這兩個，也可以稱之為「卡內弗拉兄弟」。

　　羅布斯塔（Robusta）為卡內弗拉家族代表，也被人視為卡內弗拉家的獨子，起源於維多利亞湖周邊的肯亞、坦尚尼亞、烏干達等地，現被廣泛種植在東南亞地區，具有獨特的大麥茶香和較重的苦味。身體健壯，有很強的抗病性。

　　科尼倫（Conillon），其實很多人都不知道羅布斯塔有這個弟弟科尼倫。科尼倫來自維多利亞湖西邊，巴西將該地稱為科尼倫。同樣具有淡淡的茶香和苦味。

Coffee Beans

chapter

# 2

# 周遊
# 咖啡列國

# 1. 自由美國

「Welcome to the U.S. Do you want an Americano? 」（歡迎來美國，要來杯美式咖啡嗎？）從這句話就能夠看得出來，在美國，咖啡意味著什麼。美國人做什麼事之前都要來一杯咖啡，可見他們對咖啡的熱愛。他們隨時隨地都喝：上午喝、下午喝、晚上還喝；上班喝、下班喝、開會也喝；逛街喝、遛狗喝、約會當然要喝；工人喝、老師喝、警察也喝；牧師喝、修女喝、自由女神……呵呵，喝！

據說第一次帶人類登上月球的太空船阿波羅十三號，在歸途中曾發生致命故障，當時地面人員安慰三位太空人的一句話就是：加油！香濃的熱咖啡正等著你們歸來。

所以不可否認，美國人是世界上最愛喝咖啡的族群，幾乎一天二十四小時都離不開咖啡，每天有四億杯咖啡「乎乾啦」，他們喝掉了世界咖啡產量的三分之一，是全球咖啡消耗量最大的國家，年貿易額有三百億美元，僅次於汽油。

# Apollo 13

聞到這香濃了嗎？

我要一杯
ristretto！　　留著不要動！　　這果酸香……
我也要！

美國人雖然愛喝咖啡，但是好像不是很講究口感，像一場沒有規則的遊戲，百無禁忌。歐洲人那種沖調咖啡的講究，美國人是不以為然的，他們既要喝得自由，又要喝得暢快，感覺有點像在喝啤酒的大爺們。這也不能怪美國人，一般而言，美國人很忙，哪有歐洲人那樣享用一杯咖啡的閒工夫啊！美國人經常就是一臺滴濾式咖啡機（drip coffee maker）從早滴到晚。由於水加得多，所以咖啡的味道特別淡，濾壺一直放在保溫臺上，直到咖啡脫水，大大影響到咖啡的口感。

而且美國人過分強調便利性，致力於銷售研磨後的咖啡粉。殊不知無論罐裝還是真空包裝，密封性有多好，咖啡粉的新鮮程度都會大打折扣。這也使得美國人對咖啡的包裝進行一系列的革新，如金屬罐、抽真空、透氣閥門等的出現，一定程度上使得咖啡豆保持新鮮的時間得以延長，但對咖啡粉來說，還是於事無補。只要是經過研磨，無論採用什麼形式的包裝，新鮮程度都會大大下降。

## ＊ 美國沒有美式咖啡 ＊

美國沒有美式咖啡，維也納也沒有維也納咖啡。其實「Americano」並不是真正意義上的美式咖啡，而是義大利人以濃縮咖啡為基底，加入熱水稀釋，從而做成一種輕淡口感的咖啡，義大利人管它叫作美式咖啡，其實也在暗示美國人喝咖啡的不講究。

真正的美式咖啡其實是滴濾咖啡，就是美國家用電熱過濾壺中的咖啡，而美國人也簡單地把它稱為「Coffee」。這樣就能夠理解為什麼維也納也沒有維也納咖啡了。在維也納，那種在咖啡表面布滿鮮奶油的咖啡叫作奶油咖啡（einspänner），而在純咖啡上放奶泡的叫作米朗琪（melange）。

## ＊ 咖啡時間 ＊

咖啡時間（coffee time)是美國企業的傳統，也是公司提供給員工的福利，讓員工在忙碌的工作行程中，有個喘息的時間和休息的空間。美國公司內通常設有茶水間，並提供員工咖啡機，讓員工可以在享受一杯咖啡後，懷著更加飽滿的熱情，投入到緊張的工作中。咖啡時間後，桌子上往往會留下一圈杯子的印漬，很有意思。

據說南北戰爭打得正激烈時，有一位來自俄亥俄州的十九歲男孩，提著一桶熱咖啡，為前線士兵加滿錫壺，並帶來一些小餅乾，使士兵們精神為之一振。那是一八六二年九月九日，算得上是美國第一個值得紀念的咖啡時間。

這或許就是美國最早的咖啡時間了。（歹勢！好像演過頭了。）

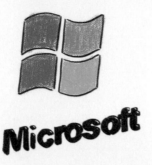 

　　美國保留了這個傳統，並把它導入企業文化中。事實證明，咖啡時間的確能夠提升員工的工作效率，這使得一些公司甚至把咖啡品牌也引進企業內部。假如你住在西雅圖、又恰巧在微軟總部工作，那就有喝都喝不完的星巴克了，因為星巴克總部就在西雅圖，所以星巴克入駐微軟，理所當然；再如你住在舊金山、恰巧在 Google 總部工作，那就有口福喝到南美咖啡之神胡安・巴爾德斯（Juan Valdaz）了。

美國什麼最多，技術控最多。什麼是技術控？簡單解釋，就是對技術有興趣、崇尚科技的人。把美國人比喻為咖啡技術控，一點也不為過。之前提到美國人為了保持咖啡豆的新鮮度，發明了各種真空袋和金屬罐；這還沒完，他們又在咖啡萃取工具上做文章了，這一做，就掀起一波咖啡萃取的革命。

他們究竟發明了什麼？就是這個東西——愛樂壓（AeroPress）。有人肯定會問這是什麼，沒錯，Olly 剛開始看到這傢伙的時候也有點不知所措，感覺它能飛天鑽地，怎麼看都有一種太空船的感覺，Olly 一心覺得發明人肯定是美國太空總署 NASA 的粉絲，不然怎麼能設計成這樣，簡直是要登上月球呀！

發明愛樂壓的人叫艾倫・阿德勒（Alan Adler），是美國史丹佛大學機械工程講師。他將愛樂壓的結構設計成類似於注射器的造型，透過針筒的原理，讓研磨後的咖啡粉和熱水充分接觸，接著壓下推桿，咖啡就會透過濾紙流入容器內。它結合了法式濾壓壺的浸泡式萃取法、濾泡式（手沖）咖啡的濾紙過濾，以及義式咖啡的快速加壓萃取原理。愛樂壓沖煮出來的咖啡，兼具義式咖啡的濃郁、濾泡咖啡的純淨及法壓壺的順口。

　　說到這，就要談到美國五花八門的行銷方式了。說美國是世界上最會賣東西的國家一點都不為過，因為在這裡能看到各式各樣、千奇百怪的推銷方法──比基尼洗車、聖誕老人賣房、超級英雄送快遞等都不在話下。在美國，這裡的東西並不一定是最好的，但一定是吆喝得最起勁的！

　　開車去華盛頓州西雅圖地區的路上，路過一些咖啡小店、想要買杯咖啡的時候，男性朋友可要把持住啊！這些超凡脫俗的女子就是「咖啡西施」了。

　　在星巴克大本營所在地西雅圖，咖啡店競爭極為激烈，近年來一些小店為了爭取生意，相繼請出「咖啡西施」。這些獨立攤位通常設在路旁或停車場附近，窗口常排著一長串貨車。拉開車窗的那一刻不要被嚇到，而且記得給小費啊！西雅圖郊區經常出現這種情況，如果看到小屋前排起了長長隊伍，你就知道「咖啡西施」來了。

　　一開始美國人妻們很納悶，為什麼老公都喜歡去外面喝咖啡，而且一
去就是一整個上午。她們發現這種情況後，忍無可忍，把「咖啡西施」告
上了法庭。結局可想而知，西施哪裡拚得過！特別是絕望的主婦，誰都惹
不起！

**STARBUCKS**

　　說到美國，就不得不提這個受到全世界矚目的牌子、咖啡界的領頭羊——星巴克（Starbucks）。

　　俗話說：「我不在星巴克，就是在去星巴克的路上。」人們之所以把原句「我不在家，就在咖啡館；不在咖啡館，就是在去咖啡館的路上」中的「咖啡館」改成「星巴克」，就是因為星巴克漸漸成為咖啡館的代名詞；而且現在星巴克也不光代表著咖啡，更代表一種現象與品味。

　　這簡直是「星巴克大道」！正所謂條條大路通羅馬，現在知道為什麼大家都在路上了吧！這也說明了星巴克在美國的店面分布之廣。以華盛頓州為例，星巴克的店面覆蓋率已經超越麥當勞。

## ＊ 星巴克精神 ＊

　　剛剛說了，美國人不管做什麼事，都要吆喝得起勁！這就是典型的美國精神，有的人也把這種精神稱之為「星巴克精神」。

　　而「星巴克精神」給人的感覺是：或許這不是最好喝的咖啡，但看上去一定是最好喝的。美國人也把這種精神運用到其他領域裡，而且都做得有模有樣，美國能成為世界上最具影響力國家之一，這或許也是原因吧？

　　在美國，可以說人人都愛星巴克，如果讓他們評價星巴克咖啡，他們都會這樣回答：「Two words: fantastic coffee.」（兩個字，好喝！）而且不光普通人愛、明星愛，連總統都愛！不是有一句話說：「好萊塢走一走，星巴克不離手。」還有一句說：「好萊塢什麼最搶手？明星、星巴克和狗。」

## ＊「美人魚」的進化史 ＊

　　相信很多人喜歡星巴克，不光是喜歡喝它的咖啡，更是喜歡星巴克的標誌（logo），有相當一部分人是衝著這隻「美人魚」去的。俗話說「女大十八變」，現在看起來是那麼有氣質，不過誰沒有過去，上世紀的她有種限制級電影的感覺：深棕底色的標誌上，戴著皇冠、披著長髮、光著細長手臂和上半身，下半身兩條尾巴分別彎向左右兩邊。總覺得也有點撲克牌 Q 的味道。

　　據說這是十五世紀的希臘神話裡面的人物，一個叫塞壬（Siren）半人半鳥的海妖，慣以美妙的歌聲引誘水手，使船隻觸礁或駛入危險水域。加上神話，聽起來是不是更嚇人了？

後來，星巴克覺得這個圖案太露骨，就把長髮撥到身前遮住胸部，只露出一部分手臂和身體。從這一點可以看出，美國人雖然看起來很開放，骨子卻還是很保守。接著又把標語「COFFEE・TEA・SPICES」（咖啡・茶・香料）改成「FRESH ROASTED COFFEE」（新鮮烘焙咖啡），表示星巴克將重心轉到了咖啡上，儘管標語本身看來差別不大。

後來星巴克終於有了覺悟，覺得這「姑娘」實在是有點讓人看不下去了，於是決定給她「修修臉」！尾巴、波浪狀長髮和身體的線條變得更幾何化，進而有了新版標誌。看起來「整容」的效果很不錯，經典的綠色也由此出現，同時把分隔符號「・」改成「★」，並只在標語上保留了「COFFEE」，預示著星巴克把咖啡做好的決心。

不過一直張開下身、露著肚臍面對顧客，好像有點不雅。於是星巴克又決定改了。接下來就出現這個使用時間最久的標誌——聚焦上半身，比出「耶」的手勢並展露笑容招攬顧客。這確實發揮了很好的效果！從此星巴克這個品牌在全世界打響名號。

即使取得成功，可是二〇一一年時，星巴克還是決定再更改標誌。圖案大致不變，而去掉標誌邊框和文字，表明星巴克不只專注於咖啡，還要開拓其他領域。二〇一五年，星巴克開始經營啤酒和葡萄酒，北美許多分店都有販售。不知道會不會哪天推出副牌「BARBUCKS」，讓美人魚一手拎酒瓶、一手舉酒杯？

從以上星巴克標誌的演變過程來推斷，我預測二〇二三年，星巴克的標誌將會變成這樣——

二〇三五年是這樣——　　　二〇四一年大概是這樣的。

結論是：星巴克從上世紀七〇年代到本世紀初，其標誌的演變過程其實就是一個「拉近焦距」的過程。

## ＊ 任性的老大哥 ＊

　　不得不說星巴克真的很任性，在某些事情特立獨行。相信大家都知道星巴克的杯型和別人家的不一樣，第一次去甚至都不知道怎麼稱呼它們，它們的叫法也真的很有意思。

　　在星巴克，小杯叫「short」而不是「small」，中杯叫「tall」而不是「medium」，大杯叫「grande」而不是「large」，還有一種杯子叫「venti」意思是超大杯，前兩年美國更是開始提供部分冰飲的更大杯型「trenta」。

　　你肯定會問，這些獨特的用語到底有什麼含意？其實沒有，只是將義大利詞彙直譯成英文，用於標註杯子容量。因為星巴克早期深受義大利咖啡館文化影響，剛開店的時候，什麼都是用義大利語標註，連菜單都是；後來由於顧客反映看不懂，才調整成英文，但杯子容量的名稱還是沿用了之前的義大利詞彙。

　　說到這裡還有一個趣事：一位外國客人來到星巴克問「toilet」（廁所），侍者卻聽成「tall latte」（中杯拿鐵），接著就問：「Ice or hot？」真的太有趣了，幸好不是問「Which size？」

## ＊ 沒寫對你的名字，請不要太計較 ＊

　　相信大家去星巴克都遇過被寫錯名字的尷尬。據閒人統計，在美國星巴克，名字被寫錯的機率是百分之五十四‧三，表示平均每兩人就會有一個人的名字被寫錯。所以，沒什麼好計較的。

　　要說在美國誰能夠與星巴克抗衡，也就只有麥當勞了。有人會問：
「麥當勞不是做速食的嗎？和咖啡有什麼關係？」

　　大約在一九九三年的時候，麥當勞首先在澳洲推出副品牌——
McCafé。它既以獨立咖啡店形式出現，也以和麥當勞甜品站一樣分立於
速食店的角落，這是麥當勞試圖為歐美顧客營造咖啡館氣氛的一種特殊形
態。

　　二〇〇九年，麥當勞正式進軍咖啡市場，重金打造 McCafé 品牌，
試圖搶占星巴克的市場份額，咖啡大戰一觸即發。麥當勞開始在電視、廣
播電臺和報紙上推出一系列廣告，力推這個品牌。這個系列的咖啡被包裝
成在經濟衰退的當下，普通消費者也可以享受的平價咖啡，可以「點亮平
凡的一天」，同時在廣告中諷刺星巴克：「四美元是愚蠢的！」因為同樣
容量的咖啡，麥當勞售價通常在二・二九至三・二九美元之間，而星巴克
的摩卡咖啡中杯為三・一美元，超大杯則賣三・九五美元。

　　為了反擊麥當勞的平價攻勢，留住荷包緊縮的顧客，星巴克在《紐約
時報》等各大報刊登廣告，強調其咖啡品質。廣告中說：「如果您的咖啡
不夠完美，我們會重做一杯；如果您的咖啡還是不完美，請確定您走進的
是星巴克。」

星巴克什麼最多？奇葩最多！

讓我們先來細數星巴克的那些奇葩單品。要說當中最奇葩、被吐槽最多的，還是南瓜拿鐵。

聽到這名字疑惑了吧！當然只在美國這個神奇的國度才能喝到，它是一款季節限定的濃縮咖啡特調。

當然還有豆漿拿鐵，就是把牛奶換成豆漿再拉花，但我覺得豆漿拿鐵的味道，有時候還是蠻讓人回味的，算是比較成功的奇葩。

奶油啤酒星冰樂你聽說過嗎？烏龜星冰樂呢？還有肉桂捲星冰樂？聽了這些名字，是不是都快昏倒了呢？其實我覺得另外有個口號更適合星巴克── Impossible is nothing！

# 2. 濃情義大利

　　說到義大利就會想到兩件事：一是男人，二是咖啡！而在義大利，男人和咖啡其實沒有區別，因為有一句義大利諺語是這麼說的：「男人就要像一杯好咖啡，既強勁又充滿熱情！」可見在義大利，咖啡有著何等重要的地位。

　　要說義大利最有名的，當然是濃縮咖啡。義大利人起床後的第一件事就是喝杯濃縮咖啡，做為一天的開始。沒有人統計過一個義大利人每天要喝多少咖啡，但他們卻是世界上公認咖啡喝最多的個體。

　　「打架這種事不適合我，就不能坐下來、吃吃飯、聊聊天、喝杯咖啡之類的解決嗎？」從這句話就能看出來義大利人的性格。什麼政治、經濟、社會發展的，人家根本不在乎，義大利人只對飲食和生活感興趣，有咖啡和美食就夠了。

　　義大利人才沒工夫去打仗呢，因為他們都把精力放在吃喝上了。或許大家都知道義大利人在二戰期間的奇葩表現——士兵們自備摩卡壺上戰場，帶的紅酒比槍多，通心粉比子彈多。一有間歇期，這幫人就坐不住了，必須「party on」（繼續派對），以至於義軍常被俘虜，甚至全軍俘虜；而且他們還很高興，因為聽說被俘虜的集中營裡每週有德國黑啤酒喝，還有德國香腸。敵軍眾將領都傻眼，這到底是一群什麼奇葩呀！

# \* 義大利 style \*

做為全世界喝咖啡最頻繁的人，義大利人喝的節奏也和別人不同。

### 咖啡，要快喝！

義大利的咖啡館總是從早開到晚，而且全天都不會有冷清的時候。人們喜歡在咖啡館裡喝濃縮咖啡，而 espresso 其實是一句義大利語，大意可以理解為「快速的」，所以這種咖啡做得快也喝得快，通常放在小杯子裡，三兩口就可以喝完。而義大利人通常要求在二十五秒內喝完一杯濃縮咖啡，因為在他們看來，一杯咖啡的精華保質期只有二十五秒，過了精華就會揮發，所以要快喝。

### 該喝的時候喝，不該喝的時候不喝！

雖說義大利人這麼能喝咖啡，但也不亂喝，非常講究什麼時段該喝什麼樣的咖啡。例如拿鐵和卡布奇諾這樣的奶咖啡都會在上午喝，或是當成早餐飲品。按照義大利人的習慣，下午到晚上不會飲用奶咖啡，會考慮冰咖啡。義式濃縮則適合全天飲用。

### 站著喝，像大衛一樣！

來到義大利會發現，這裡的咖啡館通常沒有座位，因為這裡的人習慣站著喝。站著喝咖啡是傳統，兩三口喝光一杯濃縮咖啡後，人們就開始對著上世紀建築藝術高談闊論，或是向眼前路過的美女發出讚美之詞。

### 就在這裡喝！

　　如果你是一位初到義大利的遊客，不免會向侍者提出外帶咖啡的要求。這在別的地方不是什麼刁鑽的事，但在義大利，侍者是不會讓你這麼做的。他們會擺出一張迷人的笑臉，勸你留在咖啡館裡喝完再走。這時你就明白為什麼義大利許多咖啡館沒有紙杯了。在他們眼裡，用紙杯或是塑膠杯是對咖啡神靈的一種褻瀆！其實喝上一杯濃縮咖啡用不了五分鐘，卻能體會到幾個世紀的文化沉澱。

設想一下走進一間坐落在古老廣場上的咖啡館，一位英俊瀟灑的侍者熱情地對你說：「Buongiorno！」（早上好！），並用彷彿與生俱來的拉花手法為你做一杯卡布奇諾。你啜飲一口帶有奶沫和絲滑口感的醇厚咖啡，望著廣場上的大衛像和教堂，一邊還不時傳來學者們高談闊論的聲音，聊古典文化、文學藝術，伴隨著義大利人特有的誇張肢體語言！這一刻彷彿穿越回到了上世紀！

在義大利很難看見星巴克，這件事讓人驚訝。星巴克在全世界都開得好好的，唯獨在義大利踢到鐵板。

星巴克當初就是以「美國版的義大利咖啡廳」發展起來的，老闆霍華·舒茲（Howard Schultz）是一個狂熱的義式咖啡追捧者，他在義大利做了詳細的考察後，回到美國西雅圖開了一間叫「天天咖啡」的咖啡館。這間咖啡館可以看作是星巴克的前身，是一間純粹的義式咖啡館，連店裡播的音樂都是義大利歌劇，並且效仿義大利咖啡館不設座位，像義大利人那樣站著喝咖啡。可是好景不常，美國人不買帳。後來經過調整、收購，合併了當時三位知識分子成立的星巴克咖啡──沒錯，星巴克

其實是由三位沒有 MBA 學位的好朋友成立：作家戈登·鮑克（Gordon Bowker）、歷史老師澤夫·西格（Zev Siegel）和英語老師傑利·鮑德溫（Jerry Baldwin），才有了現在風靡全球的星巴克咖啡。

但是它在義大利發展並不順利，或許是因為沒有那層歷史文化的沉澱，又因為義大利人本身偏好多樣化，所以星巴克在義大利並不盛行，拚不過那些遍地開花的當地咖啡店。

## ＊ 義大利之光 ＊

講到星巴克在義大利的遭遇，其實和這個義大利國寶級品牌有關，它就是享譽世界的意利咖啡（illy）。

可以這麼說，義大利的咖啡館多半用的都是意利品牌的咖啡豆，在各式各樣的咖啡館門口都能看見意利的紅招牌，人們都拿著「大耳朵」杯飲用咖啡。這是一個沉澱了近一世紀的品牌，一個近一世紀只生產一種配方風味的咖啡品牌。

一九三三年，意利之父法蘭西斯科‧意利（Francesco Illy）在義大利東北部的一個港口城市第里雅斯特（Trieste）創辦了這個牌子。意利創辦了這個咖啡與可可公司，接著又發明了咖啡機 illetta，它被譽為濃縮咖啡機的前身。意利帶著這個品牌走出義大利，把它帶到西歐、北歐乃至全世界。經過家族三代人的努力，意利咖啡這個品牌每年生產一萬五千噸以上的優質咖啡豆，居於高品質咖啡界的領航者地位。

有人這樣形容意利咖啡：「入口的一剎那，我不僅嘗到了濃郁和香醇，還能感受深沉以及平穩的後味，享受它所賦予的特有的樂趣。」為什麼人們會給意利咖啡如此之高的評價呢？意利的每一顆豆子都選用百分百上等的阿拉比卡咖啡豆。除了這種嚴苛的選豆標準之外，還有一個非常重要的原因，那就是只生產一種配方口味的產品。

意利公司有一句標語：「One blend, one brand.」（一種配方，一個品牌。）除了意利咖啡以外，世界上再也找不到另一家只生產單一配方產品的公司。從八十多年前到今日沒有改變，而且還會一直堅持下去。

另外，所有意利的咖啡產品，咖啡因含量均低於百分之一·五，其低因咖啡產品，咖啡因含量低於百分之〇·〇五。這也解釋了為什麼義大利人一天喝那麼多杯咖啡卻不會「醉」。

意利不光咖啡品質好，包裝和設計也相當有趣，特別是紅蓋小罐子，人們更是親切地稱其為「小紅帽」。不過意利肯定不知道，把綠色戴在頭上，在華人社會裡代表什麼，否則也不會出現這個「綠帽」包裝的低因咖啡了。

＊ 義大利神器 ＊

義大利還有一個咖啡神器「摩卡壺」，可以說是每個義大利家庭的家常必備品，因為義大利人早餐的咖啡都是用它來煮的，早上一杯濃縮咖啡開啟了一天的生活。它的造型也十分有趣，遠處看像個燈塔佇立在那裡，高大而寧靜；遠遠地冒著白煙，外形復古又具有情調，真的是讓人愛不釋手。

摩卡咖啡壺是一種製作義式濃縮咖啡的簡易工具，基本原理是利用加壓的熱水快速通過咖啡粉萃取咖啡液。最早的摩卡咖啡壺是義大利人阿方索·比亞樂堤（Alfonso Bialetti）在一九三三年製造的，他的公司比亞樂堤（Bialetti）以生產這種咖啡壺而聞名世界。

　　喝咖啡是義大利人的生活方式，他們會高喊著「Buongiorno ！」走
進咖啡館。不是特別問候咖啡館中的熟人，而是向那裡所有的人打招呼。
咖啡館裡的人們就像一個小小的社群，堆在一起的咖啡杯和盛滿義大利麵
的盤子也是這個社群的一部分。在這裡，人們自得其樂，即使早上只花十
分鐘坐在咖啡館，他們也會忙裡偷閒地說笑、高談闊論或是看看報紙。咖
啡對於義大利人來說，代表了一種簡單而美麗的生活情調。

　　濃縮咖啡可謂是義式咖啡之母，因為所有的義式咖啡都是以濃縮咖啡為基底做出來的。它是一款口感極其濃烈的飲品，帶勁又毫不矯情，更有人稱之為「功夫咖啡」！為什麼叫它「功夫咖啡」呢？因為一杯好的濃縮咖啡需要通過 15 bar 的高壓，讓水蒸氣快速流過緊壓的咖啡粉，將細沙般的粉末萃取出一份精華的咖啡濃液，時間不能超過三十秒，溫度不能超過攝氏九十度，手工壓粉的力道至少要超過二十公斤，咖啡油脂力求三公釐厚。所以想要得到一杯上乘的濃縮咖啡，還真需要些功夫！

濃縮咖啡通常是以「shot」為單位計量。

1 shot 通常在菜單中命名為「Single Espresso」或是「Solo Espresso」是濃縮咖啡的基本款，也是歐洲最流行的一款咖啡，分量相當少，通常一兩口就喝乾、走人。

2 shot 俗稱「Double Espresso」，即雙份濃縮咖啡，在義大利，人們稱之為「Doppio」。Double Espresso 和 Doppio 之間還是有區別。Double Espresso 是指雙份 Single Espresso 加在一起的分量。在義大利，點一杯 Double Espresso 一樣會得到一杯雙份劑量的 Single Espresso；但如果點 Doppio，請注意了，會得到一杯和 Single Espresso 一樣分量、但咖啡粉的分量是 Single Espresso 兩倍的咖啡，也就是兩倍濃度的普通濃縮咖啡，味道更濃。

「Ristretto」是所有濃縮咖啡裡最濃的，是超高濃度的濃縮咖啡。它是用雙份濃縮咖啡的咖啡粉量，百分之五十的水量，採取短沖形式製作出來的濃縮咖啡。什麼是短沖？通常萃取一杯 Single Espresso 需要二十五至三十秒，而 Ristretto 只保留前半段，也就是十五至二十秒，水量自然也比 Single Espresso 要少一半。

有短沖自然也應該有「長沖」，而「Lungo」就是採長沖製作的。lungo 是義大利語「長」的意思。lungo 就是用比 Single Espresso 多一倍的水量，萃取時間延長到一分鐘左右。常規的濃縮咖啡需要二十五至三十秒萃取，萃取出二十五至三十毫升；lungo 則需要一分鐘左右來萃取，萃取出的咖啡液體量約為五十至六十毫升。

一杯提神！　　　　　　　　　　　　　兩杯亢奮！

三杯⋯⋯⋯恭喜你可以像貓頭鷹一樣守夜了！

## 義式濃縮時間計量表

|  | 粉量（公克） | 時間（秒） | 沖煮量（毫升） |
|---|---|---|---|
| Single espresso（solo） | 7-10 | 25-30 | 25-30 |
| Double espresso | 14-20 | 25-30 | 45-60 |
| Doppio（Italy） | 14-20 | 25-30 | 25-30 |
| Ristretto | 14-20 | 15-20 | 15-20 |
| Lungo | 7-10 | 60 | 50-60 |

「不要輕易嘗試濃縮咖啡，小心它勾了你的魂！」有人這樣評價濃縮咖啡。的確，濃縮咖啡是一種一旦品嘗就讓人停不下來的勾魂飲品！

　　濃縮咖啡雖好，但不是所有人都承受得了，特別是亞洲人會選擇加了牛奶、口味偏淡的牛奶咖啡，而這種以濃縮咖啡為基底的都稱為義式咖啡。

　　相信很多人進咖啡館，都會點拿鐵、卡布奇諾、摩卡、焦糖瑪奇朵等飲品；可是很多人卻不知道它們的區別在哪，下面我們就來翻翻「義式咖啡家譜」。

### 康寶藍（Con Panna）：戴帽子的濃縮咖啡

配方：濃縮咖啡 2 oz＋鮮奶油 4 oz

　　往義式特濃咖啡加入適量的鮮奶油，即輕鬆完成一杯康寶藍。嫩白的鮮奶油輕輕漂浮在深色咖啡上，宛若一朵出淤泥而不染的白蓮花，令人不忍一口喝下。

### 瑪奇朵（Macchiato）：小巧的卡布奇諾

配方：濃縮咖啡 2 oz＋少量奶泡

瑪奇朵在義大利文裡是「印記、烙印」的意思。顧名思義，它的味道就像名字一樣能給味蕾留下甜蜜的回憶。瑪奇朵比較女性化，看起來像縮小版的卡布奇諾。瑪奇朵的分量是卡布奇諾的三分之一，而且瑪奇朵是濃縮咖啡上面加一層奶泡、沒有加牛奶，喝的時候，濃縮咖啡的味道並不會被稀釋，奶香只停在唇邊。

這款咖啡是現今濃縮咖啡裡最為流行的，很多年輕化的咖啡館喜歡用這款咖啡變花樣，比如焦糖瑪奇朵，但實際上已默默把分量加大了數倍，口味也減淡很多，只是還沿用這個好聽的名字而已。

### 焦糖瑪奇朵（Caramel Macchiato）：甜蜜的印跡

配方：濃縮咖啡 2 oz ＋熱牛奶 4 oz ＋糖漿 4 oz ＋焦糖

焦糖瑪奇朵有著「甜蜜印跡」的美譽，香草糖漿及香滑的熱鮮奶，表面加上綿綿細滑的奶泡，混合醇厚的濃縮咖啡，再加上軟滑的焦糖醬，香甜醇厚的焦糖瑪奇朵現已成為都會女性寵愛的一款咖啡。

### 卡布奇諾（Cappuccino）：加倍濃情

配方：濃縮咖啡 2 oz ＋蒸氣牛奶 2 oz ＋奶泡 2 oz

混合等量的義式濃縮咖啡和蒸汽泡沫牛奶，便成了卡布奇諾。此時咖啡的顏色，就像卡布奇諾教會的修士在深褐色的外衣之上覆著一條頭巾，咖啡因此得名。傳統的卡布奇諾咖啡是三分之一濃縮咖啡、三分之一蒸汽牛奶和三分之一泡沫牛奶，並在上面撒上小顆粒的肉桂粉末。

卡布奇諾傳統的拉花圖案是一顆心，因為牛奶較少所以圖案並沒有拿鐵那樣豐富，「Love is Cappuccino.」（愛是卡布奇諾）也因此得名。

### 拿鐵（Latte）：牛奶 & 咖啡

配方：濃縮咖啡 2 oz + 溫牛奶 10 oz + 奶泡 0.5 oz

「latte」義大利語即「牛奶」的意思，而「caffè latte」就是我們說的拿鐵咖啡。拿鐵咖啡底部是濃縮咖啡，中間是加熱到攝氏六十至六十五度的牛奶，最上面一層是不超過半公釐的冷牛奶泡沫。拿鐵較為經典的拉花圖案為樹葉或是「綻開的心」。因為牛奶較多，所以拿鐵可以拉出各式各樣豐富的圖案，倘若你點了一杯卡布奇諾，結果上來的是一杯圖案豐富的牛奶咖啡，不好意思，咖啡師把卡布奇諾做成拿鐵了……

### 布雷衛（Caffè Breve）：半拿鐵

配方：濃縮咖啡 2 oz + 牛奶 10 oz + 奶油 10 oz 少量奶泡

布雷衛很像拿鐵，也是一份義大利濃縮咖啡加牛奶，區別是兩份牛奶換成了牛奶加奶油。有時會再加少許奶泡，「半拿鐵」因此得名。布雷衛所呈現的拉花圖案多為「冒泡的心」，因為把一半牛奶換成了奶油，所以沒有豐富的圖案，而且由於加了奶油的關係，咖啡顏色偏白。

### 摩卡（Caffè Mocha）：濃情巧克力

配方：濃縮咖啡 2 oz ＋ 巧克力糖漿 1 oz ＋ 熱牛奶 4 oz ＋ 奶泡

摩卡咖啡又意譯為「阿拉伯優質咖啡」，英文意思是「巧克力咖啡」，是拿鐵咖啡的變種。通常以濃縮咖啡為基底，加上熱牛奶和巧克力糖漿混合，再加一層奶泡，表面上再加巧克力粉或糖漿。是所有咖啡裡糖分最高的。

摩卡咖啡的名字起源於葉門，靠近紅海的地區，有一個小鎮叫「摩卡」。這個地方在十五世紀時壟斷了咖啡的出口貿易，對銷往阿拉伯半島區域的咖啡貿易影響特別大。摩卡也是一種巧克力色的咖啡豆，來自葉門的摩卡，這讓人產生了在咖啡混入巧克力的聯想，並且發展出巧克力濃縮咖啡飲料。

### 平白（flat white）：澳洲大白

配方：濃縮咖啡 2 oz ＋ 熱牛奶 4 oz ＋ 微奶沫

關於平白咖啡的源頭，澳洲人和紐西蘭人之間總是爭論不休。據說平白是在二十世紀七〇年代時起源於澳洲，並於八〇年代在紐西蘭得到進一步發展，算是澳洲人特有的咖啡。但不論源自哪裡，平白咖啡都是一款義式咖啡，是卡布奇諾的一個變種。很多人或咖啡館都把 flat white 譯成「白咖啡」，我覺得不準確；馬來西亞的白咖啡才是真正的白咖啡，這裡還是把它叫作「平白」比較準確一點，因為它的造型就像海平面一

樣平。

　　平白咖啡採用萃取雙份濃縮短沖的手法，也就是 double espresso 的前十五秒，即 ristretto。平白咖啡要在雙份濃縮咖啡中倒入微奶沫的牛奶，對奶沫的品質要求極高。這種奶沫口感極為細膩、順滑，外表富有光澤，通常都在平滑的咖啡表面打一個「點」，所以稱其為「平白」。

### 美式（Americano）：大美式

　　配方：濃縮咖啡 2 oz + 熱水 3oz

　　「苦了呀？那兌點水、加點冰，當可樂喝吧！」感覺義大利人就是抱著這種態度發明了美式咖啡，這也符合美國人的個性——開心最重要。雙份義式濃縮咖啡兌點熱水就是美式咖啡，再加點冰塊就是大受歡迎的「冰美式」，當然這裡的美式咖啡是指義式的美式咖啡，真正在美國本土的美式咖啡，其實就是「滴濾壺，滴滴滴」！

**＊ 濃縮才是精華 ＊**

　　「別看我個頭小，濃縮的才是精華！」

　　這樣形容義式咖啡一點也不為過，義大利人的一天從一杯濃縮咖啡開始，或伴著拿鐵的絲滑和卡布奇諾的濃郁。人們來到廣場上點一杯瑪奇朵或是布雷衛，望著眼前的大衛雕像和古羅馬建築，體會這幾個世紀的文化沉澱，旁邊是主婦們的摩卡下午茶，走過的是喝美式咖啡的美國咖，這就是義大利，一個充滿著咖啡和文化的勝地！

　　「Una volta assaggiato il caffè italiano, non se ne altro tipo.」一旦品嘗過義式咖啡，你將不想再碰其他咖啡了。

## ＊法式咖啡家譜＊

　　一提起去法國喝什麼？仍然會想到兩件事：一是品紅酒，二是泡咖啡館！恰巧這兩件都起源於波爾多這個城市，不僅法國最早的酒莊起源於此，世界貿易中的大宗商品──咖啡，也和這座城市有著緊密關係，因為咖啡豆最早引入法國就是從波爾多的港口進來的，幾百年裡，咖啡已經在這座城市留下深深的印跡。

　　倘若說法國人喜歡咖啡的味道，還不如說人家追求的是情調。在路邊的小咖啡桌旁看書、寫作、高談闊論、消磨光陰，所以法國人喝咖啡講究的是「泡」，這就延伸出了法國特有的一種文化──咖啡館文化。

「我不在家，就在咖啡館；不在咖啡館，就在去咖啡館的路上。」用來形容當年法國的咖啡館風潮再恰當不過了。那時的咖啡館簡直就是藝術家的樂園、文學家的書房、思想家的辯論場！就連當時窮困潦倒的梵谷都曾借住在阿爾勒的蘭卡薩爾咖啡館，並留下了那幅曠世名作——〈夜晚露天咖啡座〉。

## ✳ 塞納河左岸 ✳

　　「左岸的人們是在咖啡館談論藝術，其他地方的人是在咖啡館喝咖啡！」說到法國的咖啡館文化，就不得不提塞納河的左岸，這裡是咖啡館文化的發源地，也見證了法國文化從萌芽到鼎盛，再到最後走向衰敗。

　　到了塞納河左岸，如果逛累了，隨意拐進一間咖啡館，坐在海明威坐過的椅子上，在沙特寫作時曾經使用過的燈光下點一杯咖啡，像畢卡索一樣靠著窗戶發呆，欣賞著河畔美景以及優雅慵懶的法國美人，該是多麼愜意啊！這感覺就像伍迪・艾倫的那部電影《午夜巴黎》，電影用魔幻現實主義的手法將主角拉回到了一九二〇年代，那個激情澎湃的年代，體會那股讓人熱淚盈眶的文藝風潮！

　　左岸咖啡館較為知名的有花神咖啡館（Café de Flore）、雙叟咖啡館（Les Deux Magots）、波寇布咖啡館（Le Procope）等。其中最有名的還是花神咖啡館，這裡有畢卡索的張望，有沙特、西蒙・波娃的愛戀與爭吵，有伏爾泰和他的第三十九杯咖啡，也有徐志摩的靈感聚集。而花神就像它的名字一樣具有靈性，它是法國最好的咖啡館，或許也是世界上最好的咖啡館了，有人甚至說如果哪一天它被拆了，法國就會散架。

　　在它的斜對面就是雙叟咖啡館（另名為德·馬格咖啡館），得名之由，是因為開張時有一部戲劇叫《兩個來自中國的老翁》在巴黎演出大獲成功。雙叟咖啡館除了咖啡，還有為新人開設的「雙叟文學獎」。要說雙叟咖啡館最有名的常客當屬海明威，他經常坐在靠近窗邊透光的那一張桌子旁，並留下了《太陽照常升起》等曠世名作。為此，雙叟咖啡館至今還保留著一張「海明威之椅」，椅背的銅牌上刻著海明威的名字。

　　再來就是波寇布咖啡館。它是巴黎第一家咖啡館，誕生於一六八六年，現在仍然保持著古樸典雅的傳統裝飾。在這裡，還能依稀聽到盧梭與伏爾泰來自十八世紀的爭吵，也似乎能看到狄德羅在這裡寫出影響世界社會發展進程的著作──《百科全書》。

　　塞納河左岸的出名不僅是因為它的歷史悠久，還因為這裡的整體文化氛圍和歷史底蘊，當然也少不了這裡的咖啡館文化，它們見證了法國文化的變遷。這正是「左岸」的意義所在。

在法國，無論是繁華的都市還是僻靜的小鎮，只要有人活動的地方就一定會有咖啡館。廣場上、商場裡、街角處，還是堤岸旁，甚至在艾菲爾鐵塔上，都能看到各式各樣的、或小或大、古典或現代、富麗堂皇或簡潔明快的咖啡館。但最富特色、也最具浪漫情調的，當數遍布街頭巷尾的露天咖啡座了，它們被稱為「露天會客廳」。而這些露天咖啡館最有趣的就是，它們的桌椅都面向大街，就像面向螢幕的電影院座位一樣。給人的感覺簡直就是「面朝大海，春暖花開」！

琳琅滿目的露天咖啡座形成了巴黎街頭
一道亮麗的風景線，那些花花綠綠的遮陽傘
則成了點綴巴黎的時尚風向標。你只需花個
三、五歐元就可以選一張桌子坐下來，品著
香氣濃郁的咖啡；你也可以隨手拿一張地圖，
漫無目的地假裝瀏覽；更可以和親朋好友談
天說地；或是乾脆閉上眼睛、什麼都不做，
靜靜地養神。只不過那樣 Olly 會覺得有些虧
了。你可以盡情發揮想像力，想像著面對的
馬路是一望無際的海灘，而你坐的咖啡座是
觀眾席，旁邊是形形色色的座上客，在你眼
前經過的摩登女郎正上演著一場「左岸沙灘
時裝週」，常常還有街頭音樂家給您送來段
段美妙的旋律，頓時你會覺得這三、五歐元
值得啊！

　　之前說過，法國人喝咖啡講究的似乎不在於味道，而是環境和情調，這一點使得他們和美國人很像。不過他們卻互看不順眼，美國人嫌法國人太懶，一天到晚都在外面喝咖啡而不去工作，美國之所以咖啡喝得多也是因為工作繁多，不得不在辦公室放個咖啡機，從早到晚「滴滴滴」；而法國人嫌美國人不懂生活，那麼辛苦地工作還不是為了最後享受生活？人生苦短要及時享樂，花了三、五歐元就能泡一天，想想誰更划算？

　　這就是典型的法國派思維，懶散的背後總透露著對生活的小聰明？這就是法國人的個性，與義大利人很像，永遠保持著一種樂天的態度，認真的話你就輸了，享受生活才是最重要的事。

　　這也是為什麼這兩個國家盛產美食和美酒，一頓正式的法式大餐要吃四、五個小時，想想有沒有這個閒情逸致吧……

法國人這種個性也反映他們不太會發明東西，卻能很好地改良一些東西，比如法式濾壓壺、虹吸壺等。

### 法式濾壓壺（French Press）

很多人一看這個名字，一定覺得是法國人發明的，其實不然。法式濾壓壺是義大利人發明的，透過研究把德國梅麗塔（Melitta）夫人的滴濾原理改良後形成了法式濾壓壺，接著才是法國人將它改良，得到普及和發展，並起名為「法式濾壓壺」。

### 虹吸壺（Syphon）

另一個被法國人玩出名堂的就是虹吸咖啡壺。據傳最早是一八四〇年，英國人拿比亞（Robed Napier）以化學實驗用的試管做藍本，創造出第一把真空式咖啡壺。兩年後，法國巴香夫人（Madame Vassieux）將這造型有點陽春的真空式咖啡壺加以改良，接著大家熟悉的上下對流式虹吸壺才從此誕生。

後來，由於法國人的個性過於隨性，虹吸咖啡被精益求精的日本人發揚光大，在許多日本咖啡館都能喝到好喝的虹吸咖啡。

## 法式歐蕾（café au lait）

要說最道地的法國味，當然是大名鼎鼎的法式歐蕾了。它是道道地地的法國早餐飲品，搭配可頌麵包，就是早餐好伴侶。法式歐蕾的基底是採用法式烘焙的豆子，以滴濾的方法萃取咖啡濃液，同時與百分之五十的牛奶交融而成。歐蕾咖啡與美式拿鐵、義式拿鐵的最大不同，是它要將咖啡濃液和滾燙的牛奶一同注入杯中，咖啡和牛奶在第一時間相遇，碰撞出的是一種閒適自由的心情。由於採用的是滴濾手法萃取濃縮咖啡，再加上一半分量的牛奶，所以味覺上牛奶的香濃味更重些。

　　法國咖啡是絲滑般浪漫、富有情調的；而法國的咖啡館則是文藝、富有情懷、讓人熱淚盈眶的！法國文豪巴爾扎克曾經說過：「咖啡館的櫃檯就是民眾的議會廳。」法國人見證了法國文化的興衰。這裡是「自由、平等、博愛」精神的發源地，這裡是藝術家和詩人的後花園，這裡是思想家和哲學家的辯論場。

　　這裡的咖啡館被賦予了更多意義，這裡的咖啡館比咖啡更偉大！

## ＊ 命中註定的神奇 ＊

從地域上看，土耳其橫跨歐亞大陸，註定是一個神奇的國度。所以這裡既有享譽歐洲的咖啡，也有風靡亞洲的香料，可謂土耳其的兩大寶。

　　土耳其咖啡是歐洲咖啡的始祖，誕生已有八、九百年歷史。十六世紀時從葉門傳播至當時的鄂圖曼土耳其帝國，後來由荷蘭人把這裡的咖啡傳播到整個歐洲，乃至全世界。

　　土耳其也是現代咖啡館的發源地。一五五四年，鄂圖曼土耳其帝國首都君士坦丁堡（現伊斯坦堡），出現了歐洲第一家咖啡館。當時的咖啡館也是從早期阿拉伯的「街道咖啡館」演變而來的。

　　可能土耳其人覺得那麼多人席地而坐喝咖啡有點不雅，還是把人挪到屋裡來吧，這才有了現代的咖啡館原型。隨著鄂圖曼土耳其帝國第一家咖啡館開張，咖啡文化開始向歐洲傳播，先是傳到與帝國關係甚好的威尼斯；後來荷蘭人開始在其殖民地種植咖啡樹，並把咖啡豆運往歐洲，咖啡風潮這才在歐洲席捲開來。

土耳其咖啡是咖啡最原始的味道。它保留了阿拉伯最原始的煮法，採用一種叫「ibrik」的小銅壺，將研磨得極細的咖啡粉與水一同放在壺中蒸煮，幾經沸騰後，從而得到一杯正宗的土耳其咖啡。

這一杯濃稠似高湯的土耳其咖啡，不但表面上有黏黏的泡沫，口感簡直就像是黑芝麻糊，伴著濃濃的咖啡渣。土耳其咖啡主要可以分為苦（skaito）、微甜（metrio）以及甜（gligi）三種口味，區別是放入砂糖的多少。因為採用的是深度炒製的豆子，所以一開始非常苦，後面才會有咖啡的香醇，土耳其人一般會搭配土耳其軟糖一同食用。

土耳其人喝咖啡不濾殘渣，大部分咖啡粉都會沉澱在杯底，品嘗時會喝到一些細微的咖啡粉末，這也是土耳其咖啡最大的特色。在土耳其的咖啡館，侍者都會在你喝咖啡前上一杯冰水，清理一下味蕾，讓口中的味覺達到最靈敏的程度，慢慢體會土耳其咖啡的「苦澀」和「甘甜」。

　　有些土耳其咖啡館不只提供冰水，有的甚至提供水煙給客人享用，所以……你能想像一邊喝著土耳其咖啡、一邊抱著水煙壺吸煙是一種什麼感覺嗎？

## ＊ 土耳其風俗 ＊

### 生命不息，吸溜不止！

　　如果有一天你路過一家土耳其咖啡館，聽見一群人在那裡「吸溜吸溜」地喝咖啡，不要覺得匪夷所思，因為土耳其咖啡就是這樣——吸溜的聲音愈大，代表咖啡愈好。就和你在義大利吃麵一樣，同一個世界，同一種吸溜！

　　當然也不用拚命吸溜，土耳其咖啡是帶渣的，太拚命的話，後果你懂的！

### 吞下去，別喝水！

在土耳其或是中東，有人邀請你到家裡喝咖啡，代表主人最誠摯的敬意，因此客人除了要稱讚咖啡的香醇外，還要切記，即使喝得滿嘴是渣，也不能喝水，因為那暗示著咖啡不好喝，主人沒有招待好客人，顯得特別失禮。

### 焚香，沐浴，喝咖啡！

在遙遠而神祕的中東地區，無論是土耳其咖啡還是阿拉伯咖啡，至今都還保留著早期宗教儀式般的神祕感，甚至還有一套講究的「咖啡道」。如同茶道一樣，喝咖啡時不僅要焚香沐浴，還要撒香料聞香，琳琅滿目的咖啡壺具充滿著天方夜譚式的風情。

傳統的土耳其咖啡或阿拉伯咖啡會混合丁香、豆蔻、肉桂等香料調味，那種滿室飄香的氛圍，阿拉伯人稱讚它如麝香一般攝人心魄。

### 放回空杯就結婚！

相親的時候，女方通常要為男方煮咖啡。如果女方喜歡追求者，便會在咖啡中加入很多糖，表示「迫不及待地願意」；如果咖啡很苦、沒有加糖，表示「不同意」；如果咖啡裡面放了鹽，表示「趕快走，最好不要再出現」。而男方這邊，如果一飲而盡並將咖啡杯放回女方的托盤上，就代表接受；如果男方沒有喝完且剩了一些，就表示還要再考慮。

所以去土耳其時，未婚男士要注意，想清楚再決定要不要喝光女孩子煮的咖啡。

「土耳其咖啡，不只是咖啡！」為什麼這麼說呢？

因為土耳其不僅有香濃咖啡，還有神奇的咖啡占卜。享用完香濃的土耳其咖啡，千萬不要著急離開，不然就會錯過「見證奇蹟的時刻」。土耳其有咖啡占卜師這個職業，類似於算命師，土耳其大大小小的咖啡館裡都能見到其身影。同時，咖啡占卜也是土耳其人和朋友聚會時必備的趣味活動。

咖啡占卜的原理，主要是觀看喝完咖啡後，殘渣所形成的圖案，以預測事情，類似心理學中的羅夏墨漬（Inkblot）測驗。而土耳其的這種咖啡占卜也是有其講究之處：

1. 用來占卜的咖啡必須是濃郁的土耳其咖啡，不得加糖、牛奶或其他食物。
2. 飲者只可用右手持咖啡杯，從杯子的一側飲用咖啡。
3. 其次，週二和週五最適合進行咖啡占卜，週日、節日或假日則不適合。
4. 土耳其咖啡占卜只能預測未來四十天內要發生的事情。因此，四十天後發生之事無法預測。

## 占卜步驟

1. 喝完咖啡，留一點咖啡在杯底，然後將盤子蓋在咖啡杯上。
2. 將杯盤稍微搖晃一下，逆時針旋轉幾圈，心中想著要占卜的問題，再小心地將杯盤倒扣回來。
3. 將杯盤靜置在桌上，等杯底的溫度降下來。這時可以在杯子上放一枚硬幣或戒指以加速冷卻，驅散可能從咖啡杯上讀到的不祥徵兆。

步驟1　　　　　步驟2　　　　　步驟3

4. 將杯子小心地打開，便可以開始針對杯中的圖案進行占卜。

## 結果解析

**滿月形**：恭喜你成為幸運的人，最近會受到上天眷顧，自信地去追求目標吧！

**新月形**：最近屬於低氣壓時期，諸事皆應小心謹慎，待人處事都要以謙虛的態度來面對，急躁容易壞事，應該耐心處理。

**心形**：收拾好心情，精心打扮自己，愛情即將來臨！

**三日月形**：可能會有一些不好的事情發生，調整心態才能度過難關。

還有好多圖案，例如：飛禽代表會有意外的驚喜、矩形代表會有好的財富降臨、管狀代表近期會有旅行的打算等。在這裡就不一一列舉了。

　　無論是當作餐後娛樂，還是找專業占卜師預測吉凶，咖啡杯占卜算命都是土耳其咖啡的一個重要特徵。人們能從一杯土耳其咖啡中看到對生活各方面的提示，和朋友聊聊咖啡杯中的抽象符號也是一種治療方式，這是喝完咖啡之後最適合不過的放鬆遊戲了。

　　「同飲土耳其咖啡，與君共敘四十年友誼。」這是土耳其的一句諺語，可見土耳其咖啡在土耳其人心目中的重要地位。這個起源於中東古國，宛如《一千零一夜》裡的傳奇神話，是蒙了面紗的千面女郎，既可以幫助您提神，又是沖洗憂傷的清泉。如果有機會來到土耳其，一定不要錯過土耳其咖啡，你會發現它真的不只是咖啡。

# 5. 熱情東南亞

＊ 隨性的咖啡 ＊

陽光、沙灘、碧海、藍天，彷彿賜予了東南亞人民熱情隨性的性格。在東南亞遛達，在新加坡街頭、越南拐角、馬來西亞的舊街場等地，三兩步就會撞見一間咖啡館，有的連房子都沒有，要麼外面寫著「咖啡館」，走進去一看卻是一間餐廳。沒錯！這就是東南亞人民的隨性，隨性地把咖啡館「café」叫成「kopitiam」，隨性得連自信的歐美人都不知道餐單上「Kopi O」和「Kopi C」是什麼，而那通常是 espresso 和 cappuccino 的位置。而這正是東南亞咖啡的特色，咖啡中散發著一種熱情和隨性。在這裡，一杯咖啡、一頂草帽，安享清閒！

「騎機車喝咖啡！」要說東南亞咖啡的老大，還得說是越南！這個咖啡館和機車一樣多的國家（我當然是開玩笑的），人們恨不得一邊騎車一邊喝咖啡，三五步一間咖啡館是越南城市一道重要的風景線！

前面介紹咖啡豆時說了，東南亞是羅布斯塔豆種最大的種植地區，而越南也是羅布斯塔豆種植最多的國家；又因為羅布斯塔豆很大的一個作用是用於即溶咖啡的製作，所以越南是最大的即溶咖啡原材料供應國。

越南人喝咖啡的口味也十分獨特，據說在烘焙豆子的過程中會加入奶油（偶爾也用植物油），並把豆子烘焙到法式烘焙的程度，並且用滴濾的方法萃取咖啡，後用煉乳調味飲用。味道說真的很特別！先是那激烈的苦味直沖腦門，以為魔鬼要來了，接著煉乳的甜就出來了。噢，原來是天使！這感覺簡直就是從地獄到天堂啊！

Vietnamese Pot
"滴滴金"

越南還有一個好玩的東西——越南壺，俗稱「滴滴金」。你是不是也以為是清涼油或跌打損傷的藥膏呢？越南壺是越南人萃取咖啡所使用的工具。它其實是法式滴濾的一種，自法國傳入後由本地人改良而成，特點是讓咖啡一滴一滴慢慢流到杯子裡。整個萃取過程大約十分鐘，是一種慢萃取方法。

　　越南雖然是東南亞咖啡豆產量最大的國家，但是咖啡豆品質最高的卻在印尼。畢竟咖啡就是十七世紀時荷蘭人從這裡（當時的爪哇島）帶進歐洲的，曾經的爪哇咖啡就是頂級咖啡的代名詞。

　　當時這裡種的都還是名貴的阿拉比卡種，後來由於一種鏽蝕病襲擊了印尼爪哇島在內的許多地區，造成大片咖啡樹死去，整個印尼倖存的阿拉比卡咖啡樹只剩十分之一，且大部分在蘇門答臘島。之後雖然荷蘭人帶來了更抗病蟲害的羅布斯塔種，但口味上較阿拉比卡豆遜色不少，印尼咖啡亦風光不再。

　　印尼的咖啡明星當屬曼特寧（Mardheling），產於印尼的蘇門答臘島，別稱「蘇門答臘咖啡」。曼特寧風味非常濃郁，香、苦、醇厚，帶有焦糖感和少許的草藥味、檀木香。喝起來有一種陽剛和強烈的暢快感，所以也被人稱為「男人的咖啡」！

　　曼特寧是印尼咖啡中的明星，黃金曼特寧就是曼特寧中的天王巨星，其經過手工精心挑選，得到顆粒飽滿、色澤瑩潤的咖啡豆，絕對是曼特寧咖啡中的絕色佳人。真正的上等黃金曼特寧都要打上 P. W. N 的印記，也就是「Golden Mandheling」商標的擁有者普旺尼咖啡公司（P. W. N）的標記。

說到印尼咖啡，就不得不說一下備受爭議的麝香貓咖啡（印尼語 Kopi Luwak），俗稱「貓屎咖啡」。它是從麝香貓的糞便中提取出來後加工完成的。麝香貓吃下成熟的咖啡果實，將咖啡種子經消化系統排出體外。經過複雜的工序，被製成「貓屎咖啡」。由於經過胃的發酵，這種咖啡別有一番滋味，加上產量十分稀少，從而成為國際市場上最貴的咖啡之一。可是 Olly 在這裡呼籲大家抵制這種咖啡，因為有些不肖商人將麝香貓關在狹小、骯髒的籠子裡面，逼迫牠們不停地吃咖啡果，使得牠們瀕臨崩潰，飽受折磨，導致牠們互相撕咬，直到一隻隻相繼而死。所以請大家不要喝這種咖啡，也告訴身邊的朋友抵制貓屎咖啡，還麝香貓一個健康的生活環境！

　　馬來西亞和新加坡在咖啡文化上的相同之處就是，它們都是閩南地區的華人帶過去的，就如同海南雞飯，特別是新加坡人總是用發音源自閩南話的「kopi」來稱呼咖啡。「kopitiam」是新加坡咖啡店的音譯。

　　新加坡有一種好玩的咖啡叫作「Kopi Tarik」，就是在上桌前會在兩個杯子裡被倒來倒去的咖啡，而「tarik」就是「倒回去」的意思，最初的作用是為了降溫，但這樣的方法通常會在咖啡中製造許多泡沫，就好像卡布奇諾一樣，因此他們又把這種咖啡叫作「Kopiccino」。可以說和星巴克星冰樂（Frappuccino）取名的概念一樣！

　　當然，做 Kopi Tarik 需要技術。不然後果……你懂的！

馬來西亞最有名的當屬怡保舊街場（Old Town）白咖啡，也有人稱之為「華人的咖啡」，是移居馬來西亞的華人研製出來的，發源於半個世紀前馬來西亞怡寶的舊街場。馬來西亞的白咖啡，採用的是馬來西亞特有的利比里卡咖啡豆和阿拉比卡、羅布斯塔三種豆子混合在一起製作的咖啡，而在烘焙過程中加上蔗糖，令顏色更深，喝的時候無需加糖。

白咖啡多以沖泡的形式製作，將加入蔗糖的三種混合豆子經過低溫烘焙、磨成粉後沖泡飲用，低脂肪、低咖啡因（小於百分之十），並加上無脂奶粉調味，將咖啡的苦味、酸澀味降至最低。

所以白咖啡與其說是咖啡，更像是一種咖啡飲料。

　　不論是越南咖啡的不講道理、印尼咖啡的男人味、新加坡咖啡的花樣，還是馬來西亞咖啡的華人味道，無不透露著東南亞人民的熱情和隨性。誰說咖啡一定要配慕斯或可頌？我想任性地吃著海南雞飯，喝著白咖啡！

# 咖啡小團體

# 1. 拉丁美洲

　　人會有人的小團體，咖啡也有咖啡的小團體。

　　隨著生活水準的提高，人們對於咖啡的關注也更加深入，開始關心咖啡的產地、莊園的資訊、咖啡的品種和加工方式。人們對於咖啡的品質有了更高要求。

　　Olly 接下來就帶大家前往世界著名的咖啡產地，進行一場盛大的咖啡巡禮，一同瞭解各產地的特色文化。

> 巴拿馬呀？是我，哥倫比亞。

> 什麼事啊，大哥？

## ＊巴西＊

　　南美咖啡的交友圈就像一場足球盛宴！說到南美，巴西是當仁不讓的老大哥，巴西咖啡豆的產量居世界第一，消費量僅次於美國，列世界第二。這就和南美的足球一樣，有巴西在，沒人敢說第一。但這不代表巴西的豆子就是最好的，為什麼這麼說？

在二十世紀六〇至七〇年代，由於大的咖啡品牌在這裡安營紮寨，以及政府的大力扶持，巴西咖啡的種植面積非常大，機械化生產程度也比較高，已經形成了一套非常完善而龐大的生產鏈條。這就像巴西足球，巴西的街頭巷尾到處都是踢球的，基數非常大；這裡的青訓營、職業隊的足球體系也非常棒，但能說這裡的球員就是踢得最好的嗎？

所以巴西雖然是最大的咖啡生產國，但優質的咖啡其實並不多。其口味偏「硬」，酸度較低，苦味略重。豆子也多用於商業用，例如超市、連鎖咖啡館等。你一定聽說過一種叫「巴西綜合」的咖啡豆，是一種價格相對低廉的義式咖啡豆，豆粒較小、苦味較強。

巴西生產的咖啡品種相當豐富，以波旁為代表，另有蒙多諾沃、卡杜拉等，都屬於阿拉比卡種，另外也有卡內弗拉種和人工接種的伊卡圖（Icatu）。其中波旁種最為多產──眾所周知，巴西盛產前鋒嘛！

雖說品種相當豐富，但真正能稱得上精品咖啡或是單品咖啡的其實不多。巴西東南部的喜拉朵和南米納斯地區有一些知名的莊園，那裡出產巴西最高品質的咖啡豆。最有名的就是波旁山度士（Bourbon Santos），簡直就是巴西隊的頭號球星──內馬爾。山度士可以被稱為巴西最高品質的咖啡，以明晰的酸味和水果般的香氣為特徵，並帶有微微甜美的後味，實屬巴西咖啡中的精品。

哥倫比亞穩坐中南美洲咖啡業的第二把交椅，是世界咖啡第三大生產國，僅次於巴西和越南，產量居世界第三。咖啡在哥倫比亞農業生產中占的比例很大，差不多占了將近四分之一，整個國家也有將近四分之一的人口從事咖啡相關的工作，也就是說在哥倫比亞每四人就有一人從事咖啡工作，可見咖啡產業在哥倫比亞的重要程度。

哥倫比亞所生產的咖啡，全部都是阿拉比卡種且品種優良、豆形飽滿、香氣濃郁著稱，味道甜美而醇厚，富含豐富的水果清香。雖然產量和生產規模都無法與巴西相比，但哥倫比亞咖啡豆的品質卻相當不錯，走的是「小作坊出精品」的路線，在保證品質前提下，再追求量的增加。

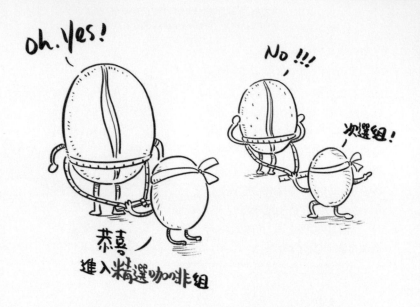

哥倫比亞的咖啡據說分為二百多個等級，以特選級（supermo）為最高等級，上選級（excelso）次之。唯有十八目豆（直徑十八／六十四英寸）以上的特選級咖啡，才能列入精選咖啡。

哥倫比亞精品咖啡裡最有名的當屬「娜玲瓏咖啡」（Narino），其外形就像它的名字一樣精緻，香氣濃郁，豆粒飽滿。「娜玲瓏特選級」（Narino Supermo）咖啡豆算是哥倫比亞最為名貴的豆子，簡直就是哥倫比亞咖啡的選美小姐呀！

哥倫比亞最著名的咖啡品牌叫
胡安・帝滋（Juan Valdez），其連
鎖咖啡館在整個美洲地區都非常有
名，在南美的街頭都能看到它的身
影。甚至在美國，胡安・帝滋都不
輸給像星巴克這樣的咖啡大佬，紐
約《時代週刊》都承認其在美國的
品牌價值，據說連 Google 舊金山
的總部，都供應著胡安・帝滋的咖
啡。

說完南美洲咖啡的兩位老大哥，巴西和哥倫比亞，咱們再來說說他們
身邊的這些小弟吧，用下面這句話來形容他們的關係是再恰當不過的了：
「兩桿大菸槍與咖啡四小龍。」

　　信奉瑪雅文化的瓜地馬拉（Guatemala）為「咖啡四小龍」之首，為引領精品咖啡貢獻一己之力。安提瓜（Antigua）是瓜地馬拉最著名的咖啡勝地，也是世界遺產的古都。四周高山環繞，海拔在一千五百公尺以上，以生產高品質的咖啡聞名，多數為阿拉比卡種，味道醇厚，伴有優雅香氣和一股特別的菸草味，也有人稱其為「小菸槍」！

　　這裡的豆子以海拔來區別不同的品質等級，海拔愈高，豆子愈硬，咖啡的風味就愈酸、愈濃；而低海拔的豆子則沒有這些特色。最高級別的咖啡豆被稱為「極硬豆」（strictly hard bean）。

Guatemala

瓜地馬拉
綽號：安提瓜

等級

極硬豆

酸 濃 硬

海拔

除了安提瓜，瓜地馬拉的咖啡產區還有柯班（Cobán）、阿蒂特蘭（Atitlan）、薇薇特南果（Huehuetenango）等著名產區。特別要說的是柯班，因為地處雨林地區，雨量充沛，其咖啡帶有鮮明的酸味，並有強烈的柑橘及葡萄酒的清香！

　　在瓜地馬拉有這樣一種說法：當你認真地品嘗瓜地馬拉咖啡的時候，你會從一杯咖啡的獨特煙熏味中，看到一段精彩畫面：曾生活在瓜地馬拉這塊土地上、充滿智慧的瑪雅人，經過一天的勞作後，在我們從沒見過的咖啡樹下享受著最原始的瓜地馬拉咖啡，看著落日漸漸地消失在海平面上⋯⋯

巴拿馬（Panama）是「咖啡四小龍」的老二。西鄰哥斯大黎加，東臨哥倫比亞，祖籍巴拿馬其里基（Chiriqui）省波魁特（Boquete）鎮，是巴拿馬咖啡的重要產區。

人送綽號藝妓，是巴拿馬最著名的咖啡品種，擁有極強的花香、熱帶水果和漿果氣息，以及烏龍茶特有的奶香甜味，是廣大女性最為喜愛的一款咖啡，因此也被人稱為「最性感的咖啡」。因為發音同日文的「藝妓」，故被稱為「藝妓咖啡」。

**藝妓的遷徙**

　　藝妓起源於衣索比亞，隨後被送到肯亞研發，之後帶入烏干達和坦尚尼亞，接著被哥斯大黎加引進。

　　一九七〇年代，唐帕契農園的弗朗西可·塞拉新從哥斯大黎加將藝妓帶回巴拿馬，因為產量極低且須參與競標，這款豆子可以說得來不易。後來，在巴拿馬人的細心栽培下，藝妓才得以發揚光大，並在咖啡市場上屢次拍出高價，鋒頭一度蓋過了原本占據咖啡王國寶座已久的一王一后——牙買加藍山（Jamaican Blue Mountain Coffee）和夏威夷科納（Kona Coffee）。藝妓成為巴拿馬國寶級咖啡，特別是來自翡翠莊園的豆子，更是巴拿馬頂級咖啡的代表。

哥斯大黎加（Costa Rica）是「咖啡四小龍」中的老三，東臨加勒比海，西面太平洋，北接尼加拉瓜，南鄰巴拿馬。

塔拉蘇（Tarrazu）是哥斯大黎加最重要的咖啡產地，海拔一千二百至一千七百公尺，種植的全是阿拉比卡種。江湖綽號「蜜咖」（honey coffee），指的是哥斯大黎加一種特別的豆子精製方式——半日晒處理法（miel），或稱「甜如蜜」處理法，簡稱「蜜處理」。

蜜處理是將帶著黏膜的豆子進行日晒乾燥的精製過程，其間每隔一小時就得翻動生豆，使之均勻乾燥，並讓豆子充分汲取厚厚果膠層的果香和糖分精華，脫水後還要置入木質容器中進行發酵。所以經過這種方式處理過的咖啡，特點就一個字——「甜」！即使咖啡涼了，也能感受到濃厚的甜香。

喝冷的，更甜！

哥斯大黎加咖啡豆的評鑑制度和瓜地馬拉類似，也是根據栽種的高度來決定，海拔愈高、咖啡豆的品質也相對愈好。最高等級的咖啡豆被稱為「極硬豆」，和瓜地馬拉相同，這種豆子一般栽種在海拔一千五百公尺以上。

特別要說的是，由於咖啡在哥斯大黎加的地位很崇高，咖啡財富為哥斯大黎加的政治、經濟和民主帶來穩定的力量，所以該國法律只允許栽植阿拉比卡豆，羅布斯塔在其境內屬「違禁品」，栽種是違法的！

# Salvador

薩爾瓦多（Salvador）是「咖啡四小龍」老么，出身貧寒，自小經歷戰亂，被迫離開家園，但並沒有擊碎一顆多次重返家園、重振咖啡產業的心。

薩爾瓦多
綽號：帕卡馬拉

波旁

江湖綽號帕卡馬拉，意指這裡特有的一種變種咖啡，是波旁突變成帕卡斯種，接著再和象豆混種，形成帕卡馬拉種，所以它是擁有四分之一波旁血統的「混血兒」！

小時候，
爺爺說……

帕卡馬拉

在薩爾瓦多，波旁種占據咖啡產量大多數，在味道上，酸味沒有瓜地馬拉的安提瓜那樣突出，卻有一種巧克力般的濃厚口感；帕卡馬拉則擁有明晰的酸味和香氣，因為數量稀少，因此近些年受到相當程度的關注。

與瓜地馬拉和哥斯大黎加一樣，薩爾瓦多的咖啡依據海拔高度進行等級劃分，海拔愈高，咖啡相對愈好。

**依海拔分為三個等級：**
**SHG（strictly high grown）**＝高地（一千二百公尺以上）
**HGC（high grown central）**＝中高地（七百至一千公尺）
**CS（central standard）**＝低地（五百至五百九十公尺）

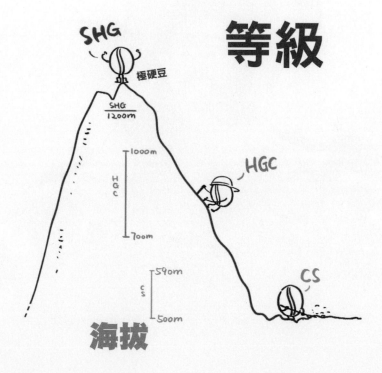

　　「非洲雄獅，咖啡鼻祖！」我只能用這樣的字眼來形容這片樂土，而咖啡似乎是上天賜予這片樂土的一個禮物。

還記得那個牧羊人的故事嗎？牧羊人卡爾迪無意中發現羊群在吃了一種紅色的果實後興奮得蹦蹦跳跳，從此這種神奇的果實才逐漸傳開，至今影響著全世界！

沒錯，這裡是咖啡樹最早的生長之地、咖啡的發源地！這裡同時是阿拉比卡品種的原產地，也是世界上最古老的咖啡消費國。因為衣索比亞人是最早用水煮咖啡喝的，隨後才被傳入地中海沿海及阿拉伯地區，大名鼎鼎的土耳其咖啡就是這麼來的！

衣索比亞是名副其實的咖啡大國，咖啡的原生品種數量非常豐富，並具有得天獨厚的咖啡生長環境，海拔一千一百至二千三百公尺的高地非常適合種植咖啡，咖啡的從業人員高達一千五百萬人，占全國人口的百分之二十，衣索比亞最大的外銷品也是咖啡，占外銷總量的百分之三十五至四十，同時有百分之三十至四十的產量是由本國人民消費掉的。

不管從哪個方面來看，衣索比亞幾乎和咖啡畫上了等號，衣索比亞就是咖啡的代名詞！

耶加雪菲（Yirgacheffe）是衣索比亞最為著名的咖啡產區。這裡出產的咖啡豆雖身形嬌小，卻是溫婉秀氣，甜美可人，有著獨特的檸檬、花香和蜂蜜般的香甜，以及柔和的果酸和柑橘味，口感清新明亮。

早年間，耶加雪菲是座小鎮，海拔七百至二千一百公尺。這裡自古是塊溼地，古語「耶加」（yirga）意指「安頓下來」，「雪菲」（cheffe）意指「溼地」。「安逸的溼地」，多麼富有意境的名字！

　　怪不得出產的咖啡豆香氣濃郁，致使衣索比亞咖啡農爭相以自家咖啡帶有耶加雪菲風味為榮，進而成為非洲最負盛名的咖啡產區。所以，這裡走出的咖啡早已從「小鎮姑娘」變為「大家閨秀」。

　　除了耶加雪菲，衣索比亞還有哈拉爾、西達摩、利姆等同樣著名的咖啡產區，特別是哈拉爾和耶加雪菲一起，被稱作衣索比亞「姐妹花」。

水洗耶加

由於非洲水資源相對稀缺，衣索比亞通常採用傳統的自然乾燥精製法，但由於只有水洗式的精製咖啡才能以較高的價格外銷，加上政府的扶持，大量引入水洗設備，使得水洗式精製的比例也隨之逐年上升，這才有了大名鼎鼎「水洗耶加」。

＊ 肯亞 ＊

人們之所以稱肯亞為「勇猛的非洲雄獅」，一是因為這裡出產的咖啡擁有強烈的香氣和咖啡酸，二是因為這裡具備非洲最健全的咖啡生產體系，是非洲的咖啡最前線。

Kenya

非洲最前線

肯亞的咖啡產業之所以如此完備，最主要的原因其實是當時殖民者的推動，肯亞早期是英國的殖民地。我們都知道英國人最會訂定制度，當時的英國人建立了目前的栽培、品管制度，後來肯亞獨立後，才由政府進一步完善。

　　肯亞北鄰阿拉比卡咖啡樹的原產地衣索比亞，但遲至二十世紀初，才開始從事咖啡栽培業。十九世紀傳教士從葉門引進阿拉比卡樹，但未大量栽種。直到一八九三年，又引進巴西古老的波旁咖啡種子，才大規模栽培咖啡。也就是說，肯亞咖啡帶有巴西血統，但由於水土、氣候和處理方式迥異，肯亞和巴西咖啡還是有諸多不同。

# 「十七宗罪」

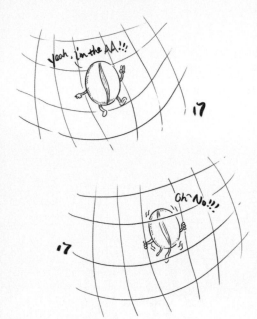

有人說，肯亞 AA 是世界上咖啡風味平衡度最高的一款咖啡，因為它包含了我們想從一杯好咖啡中得到的每一種感覺：美妙絕倫的芳香、醇厚而均衡的酸度、勻稱的顆粒感及極佳的紅酒和水果酸。

這簡直是一種無與倫比的天然飲料！

肯亞咖啡豆的分級制度非常嚴格，根據豆的大小、形狀和硬度，會區分為七個等級。最高級 AA 或 AA+，是指篩網尺寸在十七以上的豆子；尺寸為十五至十六的為 AB 級，AB 級的出口量最大。另外還有 PB 和 C、E、TT、T 級。

肯亞自一九三七年起建立了一項非常傳統的拍賣制度——「週二拍賣會」。肯亞政府極其認真地對待咖啡業。在這裡，砍伐或毀壞咖啡樹是非法的。所有咖啡豆首先由肯亞咖啡委員會（Coffee Board of Kenya, CBK）收購，在此進行鑑定、評級，接著在每週二的拍賣會上出售。委員會只發揮代理作用，收集咖啡樣品、將樣品分發給購買商，以便於判定價格和品質後，確認心中的底價，隨後在拍賣會上競標。注重品質的德國人和北歐人是肯亞咖啡的長期購買商。

## ＊ 盧安達、坦尚尼亞 ＊

與衣索比亞和肯亞這種大戶相比，盧安達和坦尚尼亞這對農民兄弟則建起了自己的「農家樂」。其特色是小規模的生產，近百分之九十五的咖啡產自小農。各種品眾皆有栽種，既有阿拉比卡種，也有卡內弗拉（羅布斯塔）種。

有意思的是，他們國內幾乎不消費自家生產的咖啡，而是銷往國外；特別是坦尚尼亞，人們不太有喝咖啡的習慣，日常生活中多飲用紅茶。

兄弟，喝杯紅茶吧。你今年要種什麼？

今年想種羅布斯塔，比較好種。

非洲，以其悠久的咖啡歷史和一脈相傳的口碑，占據著咖啡世界相當重要的一席之地。有句話是這麼說的：「如果，咖啡是上天賜予非洲的一件禮物，那麼，它將這件禮物送給了全世界。」

# 3. 咖萊塢
## ——明星咖啡豆

「這裡，香氣四溢；這裡，沁人心脾；這裡，咖啡滿地；這裡，大牌雲集。」

這裡是咖啡的好萊塢「咖萊塢」，聚集著混跡上流社會的咖啡名流，下面咱們就來說說咖啡世界的好萊塢，細數來自世界各地的咖啡明星，盤點各產地的咖啡名流！

如果說李奧納多最終用了二十幾年才拿下小金人，那麼藍山咖啡就是咖啡界「影帝」的代名詞，它就像馬龍·白蘭度一樣牢牢占據著影迷心中影帝的位置，簡直就是「咖啡教父」！

藍山咖啡生長在牙買加，優越的成長環境造就了這位咖啡巨星。藍山位於牙買加東部，在加勒比海的環繞下，每當天氣晴朗的日子，太陽直射在蔚藍的海面上，山峰上反射出海水璀璨的藍色光芒，故而得名。藍山最高峰海拔二千二百五十六公尺，這裡地處咖啡帶，擁有肥沃的火山土壤，空氣清新，沒有汙染，氣候溼潤，終年多霧多雨，這樣的氣候造就了享譽世界的牙買加藍山咖啡。

將咖啡的甘、酸、苦三味搭配得最完美的一款咖啡，莫過於藍山咖啡。其香氣十分濃郁且均衡，富有水果酸和堅果香，所以苦味極低，且有適度而完美的酸甜味，可以說將所有的味覺都達到了最佳效果！

　　藍山咖啡豆粒飽滿，採用中度烘焙能最大程度地體現它的風味。此外，藍山咖啡的咖啡因含量很低，還不到其他咖啡的一半，符合現代人的健康觀念。

　　牙買加的咖啡同樣有著嚴格的分類和等級。大體可以分為藍山咖啡、高山咖啡和普通牙買加咖啡三類。

### 藍山咖啡（blue mountain coffee）

　　海拔一千六百公尺以上的藍山區域種植的咖啡，一般才被叫作藍山咖啡。它們大體分布在 John Crow、St. John's Peak、Mossman's Peak、High Peak、Blue Mountain Peak 等五個山區。

藍山咖啡又分為 No.1 和 No.2 兩種級別。另外還有圓豆（peaberry）也稱為珍珠豆，是海拔二千一百公尺的產品中精挑細選出來的小圓豆，堪稱為精品中的精品。

### 高山咖啡（high mountain supreme coffee beans）

在牙買加藍山地區四百五十至一千五百公尺區間生長的咖啡稱為高山咖啡，也是僅次於藍山咖啡品質的咖啡，被業內人士稱作藍山咖啡的兄弟品種。牙買加藍山咖啡產量極少，因此，如果想要品嘗牙買加口味咖啡，牙買加高山咖啡就是您最好的選擇了。

### 牙買加咖啡（Jamaica prime coffee beans）

牙買加咖啡是指藍山山脈以外地區種植的咖啡。其海拔在二百五十至五百公尺之間，因海拔、位置和藍山差距較大，一般不被歸納在藍山咖啡裡。

由於藍山咖啡對其地理位置、生長環境、採摘條件要求極為苛刻，導致其產量極低，從來都是在九百噸以下。從二十世紀六〇年代至今，日本始終投鉅資扶持牙買加咖啡業，所以藍山咖啡大多為日本人所掌握，他們也獲得了藍山咖啡的優先購買權。

老樣子。

知道了。
一杯38極品藍山！

　　百分之九十的藍山咖啡為日本人所購買，世界其他地方只能獲得剩餘的百分之十，因此不管價格高低，藍山咖啡總是供不應求。按照這樣的分配，除日本以外，這種全世界每年只能消費九十噸的咖啡，可能隨便幾十塊錢就喝到嗎？

如果藍山咖啡是咖啡迷心目中的「影帝」，夏威夷科納咖啡無疑就是咖啡界的一代「影后」奧黛麗·赫本了！之所以這麼說，是因為夏威夷的科納咖啡豆具有最完美的外表，它的果實異常飽滿，而且光澤鮮亮，被譽為「世界上最美的咖啡豆」。

科納咖啡的優良品質得益於適宜的地理位置和氣候。種植在夏威夷西南岸毛那羅阿火山的斜坡上，咖啡豆比較接近中美洲加勒比海地區的咖啡特色，再加上生長在火山之上，同時有高密度的人工培育農藝，因此每粒豆子可說是嬌生慣養的「大家閨秀」，就像從夏威夷陽光微風中走來的女郎，清新自然。

　科納咖啡有著極其濃郁的芳香和堅果香味，配有葡萄酒和水果的混合酸味，口感順滑，唇齒留香，新鮮的科納咖啡真是香得不得了！如果覺得印尼咖啡太厚重、非洲咖啡太酸爽、南美咖啡太豪放，科納咖啡就是理想選擇！

　科納咖啡讓人享受獨特的快意，引你慢慢進入品嘗咖啡的超然狀態，而這完全來自於最古老的阿拉比卡咖啡樹。一位名叫薩繆爾・瑞夫蘭德・拉格斯（Samuel Reverend Ruggles）的美國傳教士將伯奇酋長園中的咖啡樹枝條帶到科納。這種咖啡是最早在衣索比亞高原生長的阿拉比卡咖啡樹的後代，直到今天科納咖啡仍然延續著它高貴而古老的血統。

　最佳的科納咖啡分為三等：特好、好、一號。正宗科納咖啡必須產自夏威夷的大島（the Big Island），因而只有大約一千四百公頃的地方出產科納咖啡，產量極其稀少。現在市面上自稱為「科納」的咖啡，只含有不到百分之五的真正夏威夷科納咖啡，大多是「綜合科納」，摻了一些鄰島出產的豆子。正宗的科納咖啡極其昂貴，售價直逼藍山咖啡。

## * 古巴琥爵咖啡 *

說完咖啡界的「影帝」和「影后」，就來說說那些同樣能奪得人們眼球的最佳「男配角」吧！

「古巴男星」琥爵咖啡，出道早，外號「加勒比海盜」！產自古巴高海拔地區加勒比海東部的水晶山區，屬於阿拉比卡種。篩選的咖啡豆顆粒大，成熟度高，水洗精製。風味上呈現獨特的加勒比海風格，酸中帶甜、苦中帶甘，且濃度適中，並擁有持久水果清香。後來由於「新人」輩出，如曼特寧、肯亞 AA、哈拉爾等「青年偶像」出線，琥爵的星光便逐漸黯淡了……

## * 黃金曼特寧 *

「亞洲拳王」、「咖啡硬漢」、「男人的咖啡」，黃金曼特寧擁有多個響亮的綽號，主要產於印尼的爪哇島、蘇拉威西島及蘇門答臘島。黃金曼特寧口感非常濃厚、香、苦、甘，且帶有少許的焦糖和草藥味。因為苦味略重，幾乎無酸，喝起來有一種陽剛的暢快感，故為「男人的咖啡」。

由於黃金曼特寧的「演技一流」，近些年上升的勢頭非常迅速，再加上歐美人的瘋狂推崇，所以其風頭早已蓋過琥爵咖啡。

肯亞 AA 藉好萊塢電影《走出非洲》（Out of Africa）的轟動而進一步揚名，成為一顆炙手可熱的新星。成熟的外形、優良的血統以及驚奇的口感，造就了他晉升為一線咖啡明星的有利條件，成為「最佳男配角」的有利爭奪者。

* 藝妓 *

咖啡界讓人驚豔的最佳「女配角」——藝妓，被咖啡迷譽為「最性感的咖啡」、「拉丁女神」。最優的藝妓產自巴拿馬，所以又稱為「巴拿馬女王」。其擁有極強的花香、熱帶水果、堅果味及濃郁的甜度，是一款非常適合女性飲用的咖啡。

藝妓同樣擁有著衣索比亞咖啡古老而高貴的血統，可謂名門望族。近些年，憑其精湛的「演技」和良好的「人緣」，有競爭「最佳女主角」、爭奪「影后」之勢！

Shirley
Yirgachelle

耶加雪菲可謂是咖啡迷眼中的「大眾情人」，其形象猶如美國著名女星秀蘭・鄧波爾一樣深入人心。

耶加雪菲雖身形嬌小，卻溫婉秀氣，甜美可人。這位「衣索比亞公主」繼承了上千年的水洗阿拉比卡傳統，輕度烘焙有著獨特的檸檬香和花香，柔和的果酸及柑橘味，口感清新明亮。不加奶也不加糖，就讓豐厚的質感與獨特的柔軟花香透過味蕾，留下無窮回味……

要說口碑好、「演技佳」的咖啡明星還真不少，更多有實力、有特色的咖啡「新人」需要你這個咖啡星探去尋找。畢竟「一千個讀者眼裡有一千個哈姆雷特」，一百個咖啡控嘴裡也會有一百種咖啡的滋味！

# 咖啡的
# 大小事

聽到有人問：「喝黑咖啡會不會變黑？」Olly 我當時的臉就黑了！所以喝白咖啡可以美白嗎？放心喝吧，就算一天喝上千杯黑咖啡，也不會變成黑人！我這麼黑可不是因為喝咖啡，我天生就這種品種啊！

也有人問：「拿咖啡壺沖咖啡的時候，總是手抖怎麼辦？」告訴你祕訣——就是去健身房健身，練成我這樣，保證你不會抖！

玩笑歸玩笑，我相信還是會有很多人會問類似的問題。下面 Olly 就為大家解釋一些有關咖啡的基本問題。讓我們一同走進咖啡的深奧世界，一起體會其中樂趣吧！

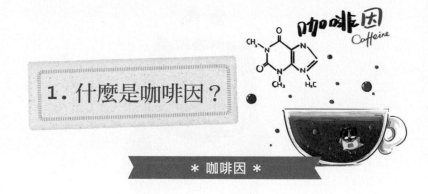

# 1. 什麼是咖啡因？

\* 咖啡因 \*

咖啡因是咖啡中最重要、最具代表的成分，正因有了它，咖啡才能風靡全球，使人為之瘋狂，因為它能帶給人無窮無盡的「魔力」！

咖啡因存在於咖啡豆以及茶葉當中，具有亢奮、提神、利尿等作用。一般一百二十毫升的即溶咖啡當中，含有六十至一百毫克的咖啡因，這與一杯三十毫升的義式濃縮咖啡的咖啡因含量相當；而在一百二十毫升的等量紅茶中，只含有十至三十毫克的咖啡因。

所以咖啡中的咖啡因含量大於茶，而在咖啡當中，義式濃縮咖啡的咖啡因濃度是最高的。

## * 咖啡因 vs. 烘焙程度 *

咖啡因的多寡與咖啡豆的烘焙程度是否有關聯，這裡也存在著不少誤解。

有人說深度烘焙的豆子，咖啡因含量低，因為深焙的豆子水分嚴重流失，使得咖啡因降低。這沒有錯，但是別忘了，在咖啡因減少的同時，咖啡豆的自身重量也減少；結果就是，沖一杯相同容量的咖啡，所需的深焙豆子數量比淺焙的多，因此兩者重量相當，所含的咖啡因也就差不多了，所以無論深焙還是淺焙，咖啡因的含有率不變。

## * 咖啡因 vs. 品種 *

有多少人知道阿拉比卡豆和羅布斯塔豆咖啡因含量不同？就像它們的身材一樣，羅布斯塔看起來更壯一些，咖啡因的含量也比阿拉比卡多。當然這不完全是豆子大小的問題，品種不同，咖啡因的含量也不同。

　　有人喜愛咖啡就是愛它的一切，而有人喜愛咖啡卻只喜歡風味。於是聰明的人類就做出了低咖啡因咖啡（decaf）。普通咖啡的咖啡因含量為百分之一至百分之五，低咖啡因咖啡的含量則低於百分之○·三，也就是說，一杯低咖啡因咖啡內含低於五毫克的咖啡因。

　　目前去除咖啡因的手段主要有兩種：水處理和二氧化碳處理。水處理就像是讓咖啡豆做「水療」，先將咖啡生豆用較高溫度的水浸泡一段時間，再用活性碳吸附咖啡因。這種方法製作出的低咖啡因咖啡豆，風味的減損較少，因此最常用。二氧化碳處理是透過壓力和溫度的調整，使二氧化碳達到氣體、液體兩種狀態的超臨界狀態，從而高效地將咖啡因去除。但由於這種處理方式成本太高，所以普及率不高。

　　至於低咖啡因咖啡是不是咖啡的問題，成了咖啡界永無休止的辯論主題！

低咖啡因咖啡

# 2. 咖啡怎麼喝？

「咖啡怎麼喝？難道你要躺著喝、飛起來喝嗎？」

是呀，Olly 也是「咖啡就要隨性喝」的推崇者！不過既然有人立了規矩，我們還是瞭解一下，免得到了那些歷史悠久、講究禮儀的餐館或咖啡廳時出糗。來來來，跟著我左手、右手慢動作分解步驟！

❶ 咖啡上桌時，應配有湯匙、砂糖包或奶精包。湯匙要放在客人那一側，湯匙柄朝向客人的慣用手，通常是右邊。

❷ 如需放入砂糖，要把砂糖撒在咖啡的中心區域，切忌這裡撒一點、那裡撒一點，更不可以一邊撒糖，一邊拿湯匙攪拌。

❸ 攪拌的時候，湯匙盡量不要觸碰咖啡杯壁，避免發出聲響，也保護咖啡杯。

❹ 攪拌完的湯匙不能留在杯裡，而是放在咖啡杯盤的另一側，才不會失禮。

❺ 將杯子拿起來喝時，手指不能穿過杯耳，而要用拇指和食指輕輕捏住杯耳，將咖啡杯拿起來。

咖啡禮儀更多的是代表一種禮貌、友好的態度，也是在公共場合約定俗成的規矩。其實，在沒有特定場合的情況下，咖啡就是要沒有拘束、隨性大膽地喝！

## 3. 兩派咖啡？

\* 黑咖啡 vs. 白咖啡 \*

喝黑咖啡還是白咖啡才能彰顯品味？這場爭論總是沒完沒了。

其實所謂「黑咖啡」和「白咖啡」在每個地方所代表的意義也各不相同；黑咖啡一般是指除義式咖啡以外、不加糖或奶的沖泡滴濾型咖啡，因為不可能把濃縮咖啡叫作黑咖啡，又不能把拿鐵、卡布奇諾這些叫成白咖啡，而美式咖啡是被歸為黑咖啡裡的。

白咖啡是指在黑咖啡裡加入糖、牛奶或是奶精，而且這其實是日本人的說法。還有一種白咖啡是特指馬來西亞的白咖啡。將加入蔗糖的三種混合豆子，經過低溫烘焙、研磨成粉後沖泡飲用，低脂肪、低咖啡因並加上脫脂奶粉調味，將咖啡的苦味與酸澀降至最低，所以這種白咖啡與其說是咖啡，其實更像是一種咖啡飲料。

\* 單品咖啡 vs. 花式咖啡 \*

「單品得細細品，花式就當飲料喝。」單品咖啡是指用單一產地出產的單一品種咖啡豆，採用沖泡、過濾等萃取形式製作的純正咖啡。飲用時不加糖或奶，品味每個產地不同的咖啡風味。

單品咖啡產地多集中在非洲、拉丁美洲以及東南亞這些地區。例如非洲衣索比亞的耶加雪菲、肯亞的肯亞 AA；拉丁美洲牙買加的藍山、巴拿馬的藝妓、哥倫比亞的娜玲瓏以及東南亞印尼的曼特寧等，都是我們熟知的單品咖啡代表。

至於花式咖啡，好多人會把它與義式咖啡搞混，以為像拿鐵、卡布奇諾這樣的都是花式咖啡，其實不然。花式咖啡，與其說是咖啡，不如視為咖啡特調飲料，是加了調味品以及其他飲品的咖啡，比如：牛奶、巧克力醬、酒、茶、奶油等。

比較有名的像愛爾蘭咖啡，會在咖啡中放入威士忌和鮮奶油；維也納咖啡是以濃濃的鮮奶油和巧克力製作，撒上五彩巧克力飲用，別有風味。

有一句話說得好：「無論黑咖還是白咖，只要你自己喜歡就是好咖；管它單品還是花式，喝得開心才是最重要的事！」所以，不要計較喝什麼才好，你自己喝得開心才好！

# 4. 什麼是 barista？

在很多場合應該都聽過這個詞，也有些人知道這是「咖啡師」的意思。其實 barista 不僅指咖啡師，它源於義大利語，意在稱讚一杯咖啡。在歐洲的許多咖啡館裡經常能夠聽到客人說：「Emm...barista!」其實是在稱讚這杯咖啡好喝！約從一九九〇年開始，英文用 barista 這個詞來稱呼製作濃縮咖啡相關飲品的專家，也就是我們常說的咖啡師。

## ＊ WBC ＊

「WBC 不是拳擊組織嗎？」

沒錯，WBC 確實是世界拳擊理事會（World Boxing Council）的縮寫，但也是世界咖啡師大賽（World Barista Championship）的英文縮寫，當然也可以把它看作是一場世界咖啡師之間的「拳王爭霸戰」！

每一年的 WBC 有超過五十個國家的冠軍代表參賽。他們要在十五分鐘內，以嚴格的標準做出四杯義式濃縮咖啡、四杯牛奶飲品和四種特色飲品。接著來自世界各地

的評審將對每個作品的口感、潔淨度、創造力、技能和整體表現做出評判並給分。第一輪比賽勝出的十二名選手將晉級半決賽，半決賽勝出的六名選手將晉級決賽，決賽勝出者將成為年度冠軍！

　　說到這，你是不是也想成為一位咖啡師、讓人尊稱 barista 了呢？Olly 告訴你，好的 barista 不僅需要高超技術，還得有品味、有氣質！

# 5. 豆豆王國

## ＊ 各國咖啡豆產量 ＊

從產量來看，巴西是咖啡生產第一大國，占全球的百分之三十以上；第二名是越南，也是即溶咖啡生產大國，主要種植羅布斯塔種；第三名是哥倫比亞；第四名是印尼；第五名是墨西哥；第六名是印度；第七名是衣索比亞；第八名是祕魯；第九名是瓜地馬拉；第十名是宏都拉斯。

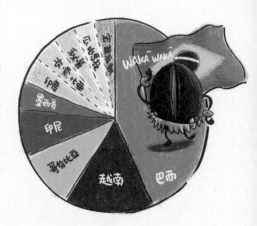

## ＊ 各國咖啡豆消費量 ＊

從消費量來看，美國則是咖啡消費第一大國，同時也是全球咖啡進口量最大的國家；如果把生產國的國內消費量加在一起，巴西則是第二大消費國；第三名是德國；第四名是日本；第五名是義大利；第六名是法國。

# Olly 的
# 咖啡學堂

# 1. 手沖咖啡

俗話說：「一杯最好喝的咖啡，就是你親手沖泡的那一杯！」一點都不假，因為只有你瞭解自己的口味，自己沖的咖啡絕對是獨一無二的。就讓我們動手做一杯手沖咖啡（hand drip coffee）吧！

首先，需要一套手沖咖啡的器具，我們以日本品牌 Hario V60 的這套器具做為這次的沖泡工具，當然還有像 Melitta、Kalita、Kono 等品牌可選擇，在這裡就不一一列舉了。

## ＊ 器材 ＊

手沖壺、磨豆機、咖啡豆、濾杯、濾紙、咖啡杯

## ＊ 步驟 ＊

### 秤豆

根據咖啡杯的容量秤取咖啡豆，並可依照個人偏好的口味濃淡，調整秤取咖啡豆的重量。下面列舉一些常用的咖啡杯及咖啡的用量比例。

### 磨豆

接下來，就到了鍛鍊身體的時候了——研磨！如果是早上剛起來喝咖啡，這絕對是清早鍛鍊身體的好方法！手沖通常需要的是中度研磨。

中研磨

如果要準備一家四口或三五好友的量，你可能就會變成這樣……

### 準備熱水、摺濾紙

我們需要的水溫大約是攝氏九十二度。將燒開的熱水倒入手沖壺裡，稍待一會兒。利用等熱水降溫的時間摺濾紙。把濾紙鋪平，順著濾紙折線壓平就 OK 了。

### 溫杯

　　這時候，手沖壺裡的熱水差不多到了我們要的溫度。把摺好的濾紙放到濾杯裡，用熱水潤溼濾紙，這麼做是讓其能附著在濾杯上，並去除濾紙的味道。

　　將經過濾杯、流入濾壺中的熱水倒入咖啡杯溫杯。

### 加粉

　　隨後將磨好的咖啡粉倒入濾杯，輕攪幾下，讓咖啡粉均勻平鋪在濾杯中。

　　接著做一件特別好玩的事：用手指在咖啡粉表面上戳個小洞。後面會跟大家解釋為什麼。

　　如果你想這麼做也沒人管你！（是不是戳中了好多人的內心……）

### 第一次注水（悶蒸）

咖啡粉與咖啡的比例：

| 咖啡粉（克） | 咖啡（毫升） |
| --- | --- |
| 10-12 | 200 |
| 15-18 | 350 |

往剛才戳出的洞裡注水。之所以戳一個洞，其實是讓水流有一條「通道」，水能夠更充分地和咖啡粉接觸，我把它稱為「咖啡通道」。

沖咖啡就像談戀愛一樣，講究的是「細水長流」，任何時候都急不來。注水也是一樣，要用小水流以「の」字形的方式，從中心向外、一邊畫圓一邊注入熱水，將咖啡粉澆滿，完成第一次注水。

記住，第一次注水不宜太滿，剛剛把咖啡粉澆滿就好了。然後，咖啡粉表面會膨脹，形成像海綿一樣的包，我們稱之為「咖啡山」。

這就到了考驗咖啡豆的時候了。因為愈新鮮的咖啡豆，形成的「咖啡山」就愈高；雖然這不是絕對，實際要根據咖啡豆的品種和烘焙程度而定，烘焙得愈深，形成的「咖啡山」愈高。

這個過程叫作「悶蒸」，讓水和咖啡粉充分接觸三十至四十秒。

### 第二次注水

待「咖啡山」退去之後，開始進行第二次注水。第二注依然採取「の」字形方式，由中心向外一邊畫圓一邊注入熱水，依舊是「細水長流」的方式，水量到達整個濾杯的六到七成就可以了。

這裡指的是標準咖啡杯，也就是一杯二百毫升的水量；如果是三百五十毫升的馬克杯，水量到達整個濾杯的七至八成即可，整個過程的時間大概是三至四分鐘。

　　如果是兩杯二百毫升或是兩杯三百五十毫升的容量，就需要進行第三次注水。方法和第二次注水一樣，水量到達幾成也和第二次一樣，這樣所用的時間也就愈長，以此類推。

　　大約三分鐘後，移開濾杯。倒掉咖啡杯中用於溫杯的熱水，輕微搖晃咖啡壺，讓剛滴濾好的咖啡充分融合，隨後將咖啡倒入咖啡杯。就這樣，獨一無二的專屬咖啡沖好了！

之前說過 French press 雖然叫法式濾壓壺，其實最早是義大利人發明的，而讓法式濾壓壺變得普及的才是法國人。看來義大利人除了打仗不行之外，對其他事情、特別是對咖啡還是在行的。

法式濾壓壺做出來的咖啡和手沖咖啡最大的不同，就是它能保留原本咖啡豆中一部分的油脂，最大程度地展現咖啡的風味，從而讓原本的咖啡更香濃；不過相應地，難喝的咖啡也會更難喝。

Olly 就來教教大家怎麼用法式濾壓壺吧！

首先，當然需要一個法式濾壓壺，我們同樣選擇一個品牌做為示範，那就是 Bodum，當然也可以選擇別的品牌如 Hario、Bialetti、Impress、Tiamo 等。

法式濾壓壺、磨豆機、咖啡豆、咖啡匙、咖啡杯

### 溫杯

把燒開的熱水倒入法式濾壓壺及咖啡杯中溫壺、溫杯，這幾乎是所有咖啡製作手法的第一步。看似平常卻重要的一步，能讓咖啡更加美味。

### 磨豆

利用溫杯的時間磨豆。我們需要中粗度研磨的咖啡粉，因為法式濾壓壺的鐵質濾網不像濾紙能過濾很細的顆粒；如果研磨過細，咖啡粉會從濾網中透出來，進而影響口感。

研磨分量和手沖咖啡需要的差不多。不過因為法式濾壓壺的沖泡原理是長時間浸泡咖啡粉，所以在相同分量下，法式濾壓壺做出來的咖啡會比濾紙滴濾的更濃。正因如此，按照自己的口味喜好，適量增減咖啡粉的量是可以的哦！

中粗研磨

### 加粉

用咖啡匙將咖啡粉倒入法式濾壓壺裡。盡量讓咖啡粉垂直落入壺底並鋪滿，防止咖啡粉沾黏壺壁，影響咖啡的萃取以及口感。

咖啡粉與水的比例：

| 咖啡粉（克） | 水（毫升） | 最後容量（毫升） |
|---|---|---|
| 10 | 200 | 200 |
| 15 | 350 | 350 |

### 第一次注水

第一次只注入一半的水。在這裡之所以選用寬口壺而沒有選用細嘴咖啡壺，是因為這種壺所出的寬大水流能瞬間激發大量的咖啡泡沫和油脂，從而提升咖啡的口感。當然這又是考驗咖啡豆的時候，愈新鮮的咖啡豆所沖出的泡沫和油脂愈多。

等待一分鐘……讓咖啡粉與水充分交融！

### 第二次注水

一分鐘後，進行第二次注水。這次要將水注滿，並蓋上法式濾壓壺的蓋子。要確保濾壺蓋子上的濾桿是「提起來」的狀態，之後再蓋好蓋子，悶蒸三分鐘。

**Super Plank**

**3 minutes**

### 萃取

三分鐘後,將過濾桿緩緩壓至底部,萃取咖啡。切記不宜壓得過快或過猛,要始終保持垂直下壓,否則可能會導致濾網傾斜,使得濾網下的咖啡粉從空隙中溢出,影響口感。

一杯法式濾壓壺咖啡做好了!整個過程大概需要四分鐘。

# 3. 愛樂壓

說到愛樂壓（Aeropress），Olly 剛開始其實是很排斥這個傢伙的，總覺得這傢伙的長相太奇怪，像太空船，太具科技感了，很難想像和咖啡會產生聯想。用過之後，客觀來說愛樂壓還是有它的好處的。

Olly 就用愛樂壓給大家壓一杯咖啡吧！

**\* 器材 \***

愛樂壓、咖啡粉、濾紙、咖啡杯

**\* 步驟 \***

噴射器
③

對接完畢

2號艙
②

對接完畢

1號艙
①

## 接合愛樂壓

首先把「飛船」調整成「起飛」模式，把拼樂高的那股勁頭拿出來，智商不夠的就請拿出說明書吧……

## 加粉

我們需要十四至二十克、中研磨的咖啡粉。太細的話會使空氣壓力變大，很難按壓，分量也可根據個人口味增減。接著給「飛船」加足「燃料」！

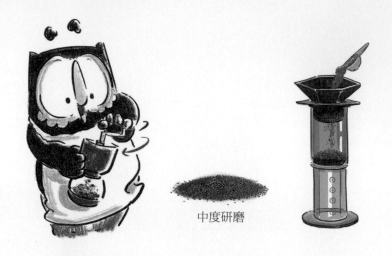

中度研磨

**第一次注水**

水加到淹沒咖啡粉即可。接著拿起「船槳」攪拌。

First fill up

Stir` Stir`

Second fill up full

**第二次注水**

這次將水注滿，悶蒸一分鐘。

### 準備濾紙

　　利用悶蒸的時間，在濾紙盒裡取出一片濾紙，放在濾網蓋上，並用溫水潤溼。

### 按壓

　　「關閉機艙閥門」，蓋上濾網蓋並擰緊，將「飛船」倒轉，並用咖啡杯接住。準備就緒後就要「發射」了！

　　將壓桿慢慢壓到底，把咖啡完全擠壓出來。向下按壓的時候，一定要慢慢用力，切忌用力過猛，且要保持與桌面垂直，以免導致漏氣漏壓。你不想「飛船」飛到一半掉下來吧？整個下壓過程不過二十秒，盡量一次完成。

　　按壓的時候，建議一手扶著杯子，另一手緩緩按下壓桿。就算你的力氣很大，也不要在這時候逞強，想和愛樂壓拚輸贏，不然後果……別說 Olly 沒提醒你！

太空船升空後當然會卸下「推進器」，結束萃取後，轉開底部的濾網蓋，清理咖啡渣及雜質，這個過程很 high ！瞬間想打一仗，對吧？

完成萃取後，就會得到一杯濃縮咖啡。其實只有美國人稱呼愛樂壓做出來的咖啡濃液為濃縮咖啡，其實它和義式濃縮差別蠻大，Olly 也傾向把它看作咖啡濃液。

得到咖啡濃液後，可以直接飲用，也可以根據喜好加入熱水或牛奶。但 Olly 建議你直接飲用咖啡濃液，那樣可以感受到用愛樂壓做出來的咖啡特色所在──豐富的油脂，還有咖啡粉和氣壓形成的咖啡泡泡！

# 4．摩卡壺

摩卡壺（moka pot）是 Olly 特別喜歡的一款咖啡器具，外形復古又具有情調，用它煮出來的濃縮咖啡富含金黃色油脂，味道讓人回味再三！

摩卡壺分為上壺、粉槽及下壺。將清水注入下壺，將粉槽填滿咖啡粉並壓平，接著將粉槽插入下壺，將上壺接至粉槽上，放上瓦斯爐開火。由於受到高溫，下壺中的水產生壓力，將沸騰的水推向粉槽。憑著壓力，熱水快速通過粉槽中的咖啡粉，萃取出濃厚的咖啡液於上壺，這就是摩卡壺的原理。

之前說過，摩卡壺最有名的品牌當屬 Bialetti，也是最早發明摩卡壺的品牌。Olly 就以 Bialetti 為例，教教大家怎麼用摩卡壺吧！

## ＊ 器材 ＊

摩卡壺、咖啡粉、瓦斯爐或電磁爐、咖啡杯

## ＊ 步驟 ＊

### 注水

首先向下壺注入清水。以自來水為主，注意水的高度不要超過安全閥，否則加熱後，熱水會帶著水蒸氣噴出，造成危險。

下壺

← 安全閥

以每一杯三十毫升（solo shot）或六十毫升（double shot）為單位，準備所需要的水量，不宜過多也不要太少，一般都是double 的四人份或六人份，也就是二百四十毫升或是三百六十毫升。

Hey boy,
Hey girl.
Here we go!!!

### 磨豆

這裡需要細研磨的咖啡粉，也可以比半自動義式咖啡機所需要的咖啡粉粗一點點。

細研磨

### 填粉

將粉槽插入下壺，倒入咖啡粉。咖啡粉的分量一般是每杯七至十克，可依照預計製作的杯數適量增減，也可根據個人口味調整。填粉後注意清理殘留壺邊的咖啡粉，以免影響後面的萃取。最後接上上壺，注意檢查上壺內的氣閥是否完好無損，避免後期加熱時有隱患。

粉槽過濾器

氣閥

上壺

## 加熱

　　將摩卡壺放在瓦斯爐、電磁爐或是黑晶爐上加熱。加熱速度要快,才能產生足夠的蒸氣來萃取咖啡,所以 Olly 建議採中到大火加熱。如果家裡的瓦斯爐口太大,放個瓦斯爐架就可以了。開火後等待約三至四分鐘。

　　這個時間可以溫一下咖啡杯或打個奶泡,打發時間。

## 沸騰

　　過一段時間後,當水流的溫度和壓力達到萃取所需條件時,會聽到摩卡壺發出快速的嘶嘶聲,有點像高壓鍋的聲音;這是蒸氣壓力帶著水流沖入粉槽後流入上壺的聲音。一旦聲音轉為冒泡聲就表示萃取完成,上壺中已經裝滿濃縮咖啡。

你可以憑經驗聽，也可以直接打開上蓋看。如看見蒸氣孔已經停止冒出蒸氣及咖啡液體，就表示萃取已經完成，可以享用這杯手工的濃縮咖啡了。

### 取壺

剛結束加熱的摩卡壺非常燙，記得戴隔熱手套或其他隔熱方式取壺，不要傻呼呼地徒手拿！

享受你的 Moka 時光吧！

# 5. 虹吸壺

　　虹吸壺（syphon）俗稱「賽風壺」或「虹吸式」，起源眾說紛紜——從德國、蘇格蘭到法國都有，總之是歐洲人；但 Olly 覺得最可信的說法是英國人以試管為原型，創造出第一個真空式咖啡壺，再由法國人改良成現在的模樣，將虹吸咖啡發揚光大的卻是日本人。和都會生活節奏反著來、耗時耗精力且需要持之以恆練習的技藝，似乎總和有耐心、有毅力的日本人脫不了關係。

　　其實，不少人喜歡虹吸壺煮法是因為它帶有一絲咖啡實驗室味道的精確感。水加熱後產生水蒸氣，因為熱脹冷縮，使下球體的熱水被推至上壺，待下壺冷卻再把上壺的水吸回來，整個萃取過程就像做實驗一般！

　　下面 Olly 就帶著大家走一次「咖啡實驗」。

## ＊ 器材 ＊

虹吸壺、咖啡粉、攪拌棒、酒精燈、打火機、咖啡杯

**＊ 步驟 ＊**

### 注水

　　首先，向下壺倒入開水。倒入開水，是為了待會加熱時，水能夠快速達到沸騰狀態，節省時間。

### 點火

點燃酒精燈，加熱下壺的水。

### 組裝上壺

　　加熱的同時，先裝上上壺的濾網。首先將濾網用濾布或濾紙罩住，再把濾網從上壺的上端放入，從直管的下方拉出，並鉤住直管口。

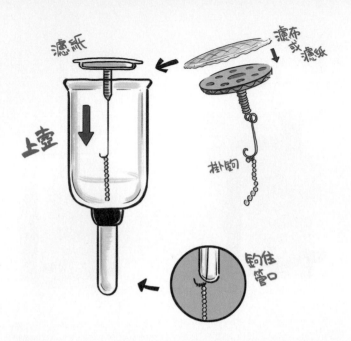

接著用手拉動直管下方露出的掛鉤，將濾網固定在上壺的中心處，切記旁邊不要露出縫隙，以免下壺的沸水過快地流入上壺從而造成上壺「開鍋」，以及停止加熱後溫度降低，導致上壺的咖啡渣從縫隙中流入下壺。可以用攪拌棒輕輕向下敲打濾網，使其穩固並保持在中心位置。

### 接合

將上壺斜插入下壺，等待下壺的水沸騰，這麼做的原因，一是給上壺一個預熱的過程，同時也避免上壺突然遇高溫炸裂；二是如果猛然將上壺垂直插入下壺的沸水中，會導致下壺的水向上噴。

一旦下壺的水開始慢慢冒泡且開始沸騰時，把上壺扶正並固定。

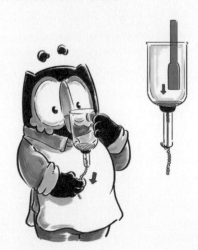

## 下粉

　　這時下壺的水開始向上壺倒流，等到上壺的水位達到整體水量的三分之二時，開始下咖啡粉，這樣可讓咖啡的萃取更均勻。

　　還有一種做法是先放咖啡粉，後插入加熱的下壺進行萃取。兩種方法其實都可以，但 Olly 覺得還是後放粉萃取得更均勻些，前者只是為了萃取後留下一個好看的「咖啡山」而已。

## 攪拌

當下壺水完全倒流至上壺時，開始第一次攪拌。這時切忌攪拌過猛，那樣的話咖啡會變得很澀，只要輕輕地攪拌幾圈就可以了。

四十秒過後進行第二次攪拌，還是切忌過猛。

## 停止加熱

第二次攪拌後移開酒精燈，停止加熱，隨後蓋上酒精燈的蓋子。

## 回流

停止加熱後，溶液溫度下降，上壺萃取後的咖啡會透過濾網和直管慢慢回流至下壺，整個萃取過程便完成了。

### 移開上壺

待上壺的咖啡完全回流至下壺後，慢慢移開上壺。拔出的時候一定要小心，可以前後搖動上壺，使得膠閥周圍的空氣放出，以利拔出上壺。

### 裝杯

將下壺的咖啡倒入分享壺或咖啡杯中，這樣，一杯虹吸咖啡就做好了！

這裡需要補充的是，我們採取咖啡粉後放的做法會比先放粉的萃取時間短，只需要四十秒左右，而先放粉則需要一分鐘左右。因為先放粉的話，下壺的水是慢慢升溫將上壺的咖啡粉推上去的，是一種慢萃取，所以時間較長；而後放粉是在已經湧向上壺的沸水裡加入咖啡粉，當粉接觸到水的那一刻，萃取實際上是一瞬間的，所以時間會比較短，咖啡也比較純淨。

# 6. 土耳其壺

做為現代咖啡的起源，土耳其咖啡最具有咖啡原始味道，也保留了阿拉伯最古早的煮法。土耳其壺主要由銅製成，也有不銹鋼的。製作土耳其咖啡，推薦使用現成的咖啡粉，因為我們很難自己把咖啡豆磨得像麵粉一樣，也很難買到重烘焙的豆子。至於調味的豆蔻和茴香（八角），可根據個人口味加入，但純正的土耳其咖啡是需要放這些的。

傳統的土耳其咖啡是將土耳其壺放在盛有沙盆的炭火上煮製，考慮到不利於家庭製作，所以以下示範改用瓦斯爐或是酒精燈。接下來 Olly 就教大家如何使用土耳其壺煮一杯純正的土耳其咖啡。

## ＊ 器材 ＊

土耳其壺、土耳其咖啡粉、豆蔻和茴香（八角）、煤氣爐或酒精爐

### 先放水再放粉

在土耳其壺中放入等量的水和土耳其咖啡粉：十克粉＋一百二十毫升水＝一人份，這裡的水為常溫或冷水，注意先放水再放粉。

### 加糖

根據個人口味可適量加入白砂糖。前面說過土耳其咖啡可分三種口味：不加糖，又濃又苦的「sketos」；加入少量糖，微甜的「metrios」；再來就是加入大量砂糖，非常香甜的「glykos」。如要加糖，請在加熱前還是冷水的狀態下，將白砂糖攪拌至溶解為止。

### 調味

根據個人口味放入豆蔻和茴香，攪拌讓香料充分散發。當然，如果受不了豆蔻、茴香的味道，就不要放了。說實話，Olly 剛開始也不太能接受那滋味！

### 加熱

將土耳其壺放到瓦斯爐上，用中小火加熱。

### 離火

經過一段時間後，壺中的咖啡開始咕嘟、咕嘟，即將沸騰，便可將土耳其壺拿下來，這時可以看見 kaimaki 的泡沫慢慢往上冒。

待泡沫沉下去後，再次把壺放在瓦斯爐上加熱。如果壺中的咖啡再次沸騰、冒泡就拿下來，重複這動作三次。

重複三次後把土耳其壺拿下來，等咖啡沉澱就可以倒杯了。倒杯的時候壺裡會留下部分殘渣，留在壺裡就好了。

這樣一杯濃稠的土耳其咖啡就煮好了！最後可別忘了土耳其咖啡的餐後小遊戲呀！根據杯裡的咖啡渣，測測最近的運勢吧！

# 7. 越南壺

　　越南壺（Vietnamese Pot）俗稱「滴滴金」，可不是清涼油之類的啊！它是一種以法式滴濾改良的咖啡萃取工具。

　　煮越南咖啡時，推薦使用越南咖啡豆。因為越南人在烘焙豆子時會放入奶油或植物油調味，咖啡油脂非常高，口味也較純正。如果實在沒有越南咖啡豆，也可以用深烘焙的豆子代替，烘焙程度起碼達到法式烘焙的程度；或是深度烘焙的義式拼配豆，因為它同樣具有相對高的油脂。

　　下面 Olly 就帶大家用「滴滴金」煮一杯咖啡吧！

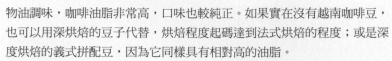

**＊ 器材 ＊**

越南壺「滴滴金」、煉乳、越南咖啡豆

**＊ 步驟 ＊**

### 打開壺蓋

打開壺蓋，轉開壺上座中間的螺絲，取下粉槽蓋。

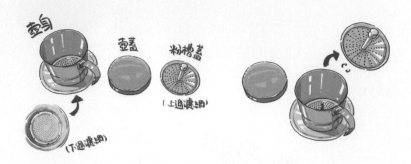

## 加粉

　　十五克咖啡粉對應二百四十毫升的水，可依照喜好調整。受到「滴滴金」過濾網眼的限制，咖啡粉不宜磨得過細，這裡需要的是中粗研磨的咖啡粉，否則會穿過濾網、流到杯子裡。

中粗研磨

## 蓋上粉槽

　　蓋上粉槽並轉緊。蓋子的鬆緊決定了滴濾所需的時間長短，也決定了這杯咖啡的濃度。滴濾時間通常三至五分鐘，這是在鬆緊程度剛好的情況下；粉槽若被轉得過緊，滴濾時間大概為十分鐘，咖啡的濃度也就更濃、更苦。

### 調味

加入煉乳是越南咖啡的特色。由於豆子烘得較深，苦味略重，煉乳的甜味剛好能沖淡苦味。

### 注水

將裝好的「滴滴金」置於咖啡杯上，並注入攝氏九十二度左右水溫的熱水。

### 萃取

蓋上蓋子，等待萃取。

倒數開始~

Di Da Di~ Di Da Di~
Di Da Di Da Di Da Di~
Di Da Di ......

整個過程大概三至五分鐘，這時可以看見咖啡就這樣一滴一滴地從壺下方的濾網中流出，這就是為什麼人們都叫它「滴滴金」！

　　回來後，一杯香甜的越南咖啡正等著你！移開「滴滴金」，用湯匙攪拌一下，讓咖啡與煉乳充分融合——請享用吧！

# 沒有最好喝的咖啡，
# 只有最適合你的那一杯！

　　沒錯，天底下哪有什麼最好喝的咖啡，再名貴的咖啡如果你不喜歡的話，那對你來說也不能算好喝。所以不管專家怎麼說，咖啡控們怎麼推薦，其實都不重要，自己喝得開心就好，自己喝得津津有味才重要。

　　很高興能將自己鍾愛的咖啡用自己擅長的方式展現出來，最終組織成一本好玩的咖啡書。而對我來說，這個創作的過程其實也是自己深入瞭解、學習咖啡的過程，也是自己從一個咖啡生手變成咖啡愛好者的過程，從而更增添了一份讓更多不瞭解咖啡的人愛上咖啡的使命，對此我深感榮幸。而現在，我發現我愈來愈喜歡咖啡了，愈來愈離不開它了，我已被咖啡之神勾了魂，正如《咖啡頌》中所說：「啊，咖啡啊！是你趕走了我的一切煩惱，你是思考者夢寐以求的飲品。」

　　最後，我還想重申一下我做這本書的立場和初衷：

　　這不是一本嚴肅的咖啡哲學，而是一本有趣、有料的咖啡書。或許也是最好玩的一本咖啡書了。

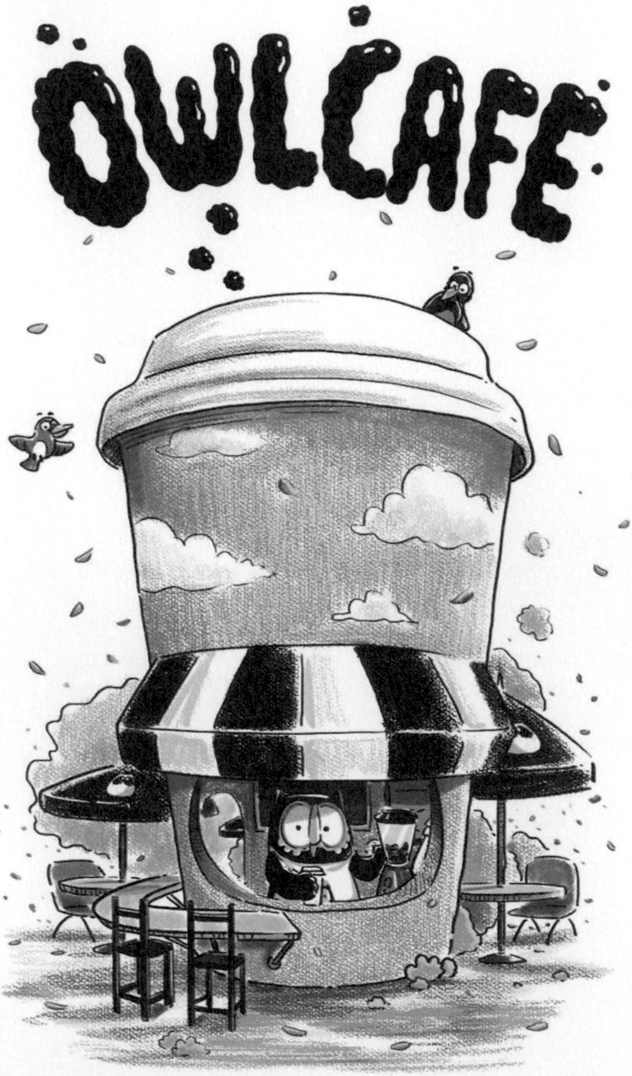
OWLCAFE

Life 系列 36
# 無法想像生活沒有咖啡

作　　者——佐拉
主　　編——邱憶伶
責任編輯——陳劭頤
責任企劃——葉蘭芳
封面設計——FE設計　葉馥儀
內頁設計——黃鳳君
董 事 長
　　　　　——趙政岷
總 經 理
總 編 輯——李采洪
出 版 者——時報文化出版企業股份有限公司
　　　　　10803 臺北市和平西路三段240號3樓
　　　　　發行專線——(02)2306-6842
　　　　　讀者服務專線——0800-231705・(02)2304-7103
　　　　　讀者服務傳真——(02)2304-6858
　　　　　郵撥——19344724時報文化出版公司
　　　　　信箱—— 臺北郵政79～99信箱
時報悅讀網——http://www.readingtimes.com.tw
電子郵件信箱——newstudy@readingtimes.com.tw
時報出版愛讀者粉絲團——http://www.facebook.com/readingtimes.2
法律顧問——理律法律事務所　陳長文律師、李念祖律師
印　　刷——詠豐印刷有限公司
初版一刷——2017年3月17日
定價——新臺幣320元
（若有缺頁或破損的書，請寄回更換）

時報文化出版公司成立於1975年，並於1999年股票上櫃公開發行，
於2008年脫離中時集團非屬旺中，以「尊重智慧與創意的文化事業」為信念。

國家圖書館出版品預行編目資料

無法想像生活沒有咖啡 / 佐拉著 . -- 初版 . -- 臺北市：
時報文化, 2017.03
　　面；　公分 . -- (Life系列；36)
　　ISBN 978-957-13-6936-5 (平裝)
　　1.咖啡 2.飲食風俗

538.74　　　　　　　　　　　106002517

ISBN 978-957-13-6936-5
Printed in Taiwan